suhrkamp taschenbuch
wissenschaft 2111

Für den Liebenden ist die Liebe eine Quelle von Gründen. Sie ist »auf berüchtigte Weise schwer zu erhellen«, darf aber, so Harry Frankfurt, nicht mit Vernarrtheit oder Lust, Besessenheit oder Abhängigkeit verwechselt werden, also mit dem, was eine Person glaubt oder fühlt. Liebe, so die Generalthese des Buches, ist vielmehr eine Sache des Willens, genauer: der praktischen Sorge um das, was für den, den man liebt, gut ist. Frankfurts scharfsinniges Buch schließt mit einer überraschenden Reflexion über die Selbstliebe, die er als die reinste Form der Liebe bezeichnet.

Harry G. Frankfurt ist Professor emeritus für Philosophie an der Princeton University. Im Suhrkamp Verlag sind erschienen: *Sich selbst ernst nehmen* (stw 2168), *Bullshit* (st 4490) und *Ungleichheit. Warum wir nicht alle gleich viel haben müssen* (st 4661).

Harry G. Frankfurt
Gründe der Liebe

Aus dem Amerikanischen
von Martin Hartmann

Suhrkamp

Titel der Originalausgabe:
The Reasons of Love

Bibliografische Information der Deutschen Nationalbibliothek
Die Deutsche Nationalbibliothek verzeichnet diese Publikation
in der Deutschen Nationalbibliografie; detaillierte bibliografische Daten
sind im Internet über http://dnb.d-nb.de abrufbar.

3. Auflage 2021

Erste Auflage 2014
suhrkamp taschenbuch wissenschaft 2111

Umschlag nach Entwürfen von
Willy Fleckhaus und Rolf Staudt
Druck und Bindung: C. H. Beck, Nördlingen
Printed in Germany
ISBN 978-3-518-29711-7

Inhalt

Erstes Kapitel
Die Frage: »Wie sollen wir leben?«
7

Zweites Kapitel
Über Liebe und ihre Gründe
40

Drittes Kapitel
Das liebe Selbst
78

Nachweis
111

Erstes Kapitel

Die Frage: »Wie sollen wir leben?«

1

Keinen Geringeren als Platon und Aristoteles verdanken wir die Einsicht, dass die Philosophie mit Verwunderung anhob. Die Menschen wunderten sich über zahlreiche natürliche Phänomene, die ihnen überraschend vorkamen. Rätselhaft wirkten auf sie auch eigentümlich widerständige logische, sprachliche oder begriffliche Probleme, die im Verlauf ihres Denkens unerwartet auftauchten. Als Beispiel für etwas, das Verwunderung in ihm hervorrief, erwähnt Sokrates die Tatsache, dass es einer Person möglich sei, kleiner als eine andere zu werden, ohne an Größe zu verlieren. Wir mögen uns fragen, warum ein derart oberflächliches Paradox Sokrates überhaupt Unbehagen bereitete. Er hielt dieses Problem offensichtlich nicht nur für interessanter, sondern auch für schwieriger und beunruhigender als wir. Theaitetos, Sokrates' Gesprächspartner, verweist auf dieses Problem und auf andere, ähnlich gelagerte Probleme und sagt: »Bisweilen, wenn ich recht hineinsehe, schwindelt mir ordentlich.«[1]

Aristoteles bietet eine Liste mit etwas bestechenderen Beispielen für die Art von Dingen, die in den ersten Philosophen Verwunderung auslösten. Er erwähnt sich selbst bewegende Marionetten (die die Griechen offenbar besaßen!); er erwähnt gewisse kosmologische und astronomische Phänomene; und er erwähnt die Tatsache, dass sich die Seite eines Rechtecks zur Diagonalen inkommensurabel verhält.

1 Platon, *Theaitetos*, 155d [in: ders., *Sämtliche Werke*, Band 4, übersetzt von Friedrich Schleiermacher, Hamburg 1958, S. 120].

Es wäre unangemessen, diese Dinge bloß als rätselhaft zu beschreiben. Sie rütteln auf. Sie sind wundersam. Die von ihnen ausgelöste Reaktion muss tiefer und erschütternder gewesen sein als die schlichte Verwunderung darüber, wie es bei Aristoteles heißt, »daß die Dinge so sind, wie sie sind«.[2] Gefühle des Mysteriösen, des Unheimlichen und der Ehrfurcht müssen hier im Spiel gewesen sein.

Ob die ersten Philosophen nun die Geheimnisse des Universums ausloteten, ob sie schlicht darum bemüht waren, über irgendeinen ganz und gar gewöhnlichen Sachverhalt klar nachzudenken oder aber eine gewöhnliche Beobachtung genau auszudrücken – Aristoteles berichtet, dass ihre Nachforschungen keine weiteren, mithin praktischeren Ziele verfolgten. Sie waren zwar darauf aus, ihr Unwissen zu überwinden, aber nicht, weil sie meinten, sie benötigten diese Informationen. Ihr Ehrgeiz war ausschließlich spekulativ oder theoretisch. Sie wollten nur ihre anfängliche Überraschung über das Sosein der Dinge zerstreuen, indem sie ein begründetes Verständnis dafür entwickelten, warum es unnatürlich – oder sogar unmöglich – sei, dass sich die Dinge anders verhielten. Erwies sich dann, dass man etwas durchaus hätte erwarten können, verschwanden alle Arten der Überraschung, die es anfänglich ausgelöst haben mag. So bemerkt Aristoteles mit Blick auf rechtwinklige Dreiecke: »Über nichts geriete nämlich ein Geometer mehr in Erstaunen, als wenn die Diagonale kommensurabel wäre.«[3]

2 Alle Aristoteles-Zitate dieses Kapitels stammen aus seiner *Metaphysik* [zitiert nach der von Franz F. Schwarz herausgegebenen und übersetzten Ausgabe, Stuttgart 1974], 982a-983a.

3 Aristoteles spricht hier natürlich über den Satz des Pythagoras. Hierzu gibt es eine nette Geschichte. Als Pythagoras seine außergewöhnliche Entdeckung machte, war er zutiefst berührt von der nahezu unglaublichen, fast schon unverständlichen, gleichwohl eindeutig nachweisbaren Tatsache, dass die Wurzel aus zwei keine rationale Zahl ist. Es erstaunte ihn aufs Äußerste, dass es etwas gibt, was, in den Worten von Aristoteles, »nicht mit dem kleinsten Maß gemessen werden kann«.

Ich werde mich hier unter anderem mit einer gewissen, menschliche Wesen regelmäßig heimsuchenden Unannehmlichkeit und Beunruhigung beschäftigen. Sie unterscheidet sich sowohl von jener Art von Unannehmlichkeit und Beunruhigung, die durch die von Sokrates erwähnten logischen Schwierigkeiten ausgelöst wird, als auch von jener, die in Reaktion auf die von Aristoteles aufgelisteten Merkmale der Welt hervorgerufen wird. Sie ist praktischer und, weil sie unserem Interesse an einer sinnvollen Lebensgestaltung näher steht, dringlicher. Was uns antreibt, sie zu erforschen, ist weder interesselose Neugier noch Erstaunen, weder Verwunderung noch Ehrfurcht. Es ist vielmehr eine ganz andere psychische Belastung: eine bohrende Furcht oder Unruhe. Die Schwierigkeiten, die uns befallen, wenn wir über diese Dinge nachdenken, mögen gelegentlich Schwindel in uns verursachen. Wahrscheinlicher aber ist, dass sie ein Gefühl der Verärgerung, der Ruhelosigkeit und der Unzufriedenheit mit uns selbst auslösen.

Die Themen, denen dieses Buch gewidmet ist, haben etwas mit der gewöhnlichen Lebensführung zu tun. Sie sind auf die eine oder andere Weise mit einer Frage verwoben, die zugleich am Ende und am Anfang steht: Wie soll eine Person leben? Man muss kaum erwähnen, dass diese Frage nicht nur theoretisch oder abstrakt interessiert. Sie betrifft uns ganz konkret, und das auf eine sehr persönliche Weise. Unsere Antwort auf diese Frage wirkt sich direkt und umfassend auf unsere Lebensführung aus – oder zumindest auf das, was uns als eine solche vorschwebt. Wichtiger ist vielleicht, dass sie Einfluss darauf hat, wie wir unser Leben erfahren.

Nun war Pythagoras nicht nur Mathematiker, sondern auch der Führer eines religiösen Kults; sein Satz bewegte ihn so sehr – durch die Offenbarung des auf mysteriöse Weise nicht rationalen Charakters der mathematischen Realität –, dass er den Anhängern seines Kults befahl, einhundert Ochsen zu opfern. Seitdem kursiert die Geschichte, dass die Ochsen zittern, wenn eine wichtige neue Wahrheit entdeckt wird.

Wenn wir uns darum bemühen, die Welt der Natur zu verstehen, dann tun wir das zumindest teilweise, weil wir darauf hoffen, uns auf diese Weise annehmlicher in ihr einrichten zu können. In dem Maße, in dem wir uns in unserer Umwelt auskennen, nimmt das Gefühl zu, in der Welt zu Hause zu sein. Wenn wir andererseits zu klären versuchen, wie zu leben sei, hoffen wir auf die intimere Annehmlichkeit des Gefühls, in uns selbst zu Hause zu sein.

2

Philosophische Ansätze, die sich mit der Frage befassen, wie eine Person leben soll, fallen in den Bereich einer allgemeinen Theorie der praktischen Vernunft. Der Begriff »praktische Vernunft« umfasst dabei die Varianten von Überlegung, in deren Rahmen man versucht zu entscheiden, was zu tun ist, oder sich darum bemüht, Geschehenes zu bewerten. Zu diesen Varianten gehört auch jene, die sich besonders auf Probleme der *moralischen* Bewertung konzentriert. Diese Art der praktischen Vernunft genießt naturgemäß ein hohes Maß an Aufmerksamkeit, sowohl von philosophischer als auch von anderer Seite.

Es ist zweifellos wichtig für uns, ein Verständnis für die Forderungen der Prinzipien der Moral zu entwickeln, für das, was sie befürworten, und für das, was sie untersagen. Wir müssen moralische Erwägungen ernst nehmen, das bedarf kaum einer Erwähnung. Dennoch denke ich, dass die Relevanz, die der Moral für unsere Lebensführung zukommt, tendenziell überbewertet wird. Die Moral ist weniger einschlägig für die Bildung unserer Präferenzen und die Orientierung unseres Verhaltens, sie gibt uns weniger Auskunft über die Fragen, was wir schätzen und wie wir leben sollen, als man gemeinhin annimmt. Außerdem kommt ihr nicht so viel Autorität zu, wie man meint. Selbst wenn sie Wichtiges mitzuteilen hat, hat sie nicht notwendigerweise das letzte Wort. Und mit Blick auf unser Interesse an einem sinnvollen Umgang mit den normativ relevanten Aspekten unseres Lebens spielen moralische Vorschriften nicht die umfassende Rolle und sind auch weniger bestimmt, als man uns häufig glauben machen will.

Menschen, die skrupulös der Moral folgen, können aufgrund von Mängeln des Charakters oder der Konstitution trotzdem zu einem Leben verurteilt sein, das keine vernünftige Person freiwillig wählen würde. Die persönlichen Mängel und Unzulänglichkeiten, die sie aufweisen, müssen nicht viel mit Moral zu tun haben und können es ihnen dennoch unmöglich machen, ein zufrieden stellendes Leben zu leben. So könnte es beispielsweise sein, dass sie emotional abgestumpft sind; oder es fehlt ihnen an Vitalität; oder sie sind chronisch entscheidungsunfähig. Selbst wenn sie einige Ziele aktiv wählen und verfolgen, kann es sein, dass sie sich faden Projekten widmen; ihre Erfahrung wäre dann ganz und gar dumpf und ohne Würze, ihr Leben wäre ohne Einschränkung banal und hohl, wäre – ob sie das nun erkennen oder nicht – schrecklich langweilig.

Nun gibt es allerdings jene, die glauben, Menschen, die nicht moralisch sind, können nicht glücklich sein. Und vielleicht stimmt es, dass Moralischsein eine unverzichtbare Voraussetzung für ein befriedigendes Leben ist. Es ist jedoch nicht die einzige unverzichtbare Voraussetzung, so wenig wie ein gesundes moralisches Urteilsvermögen die einzige unverzichtbare Voraussetzung für die Beurteilung bestimmter Verhaltensmuster ist. Die Moral gibt uns bestenfalls eine äußerst begrenzte und unzureichende Antwort auf die Frage, wie eine Person leben soll.

Man nimmt häufig an, dass die Gebote der Moral an sich Vorrang genießen, dass sie also alle anderen Interessen und Ansprüche immer übertrumpfen. Das jedoch halte ich für unplausibel. Mehr noch, es gibt meines Erachtens kaum einen überzeugenden Grund für die Annahme, es müsse so sein. Die Moral ist vor allem mit der Frage beschäftigt, wie wir im Rahmen unserer Einstellungen und Handlungen die Bedürfnisse, Wünsche und Ansprüche anderer Menschen berücksichtigen sollen.[4] Warum aber sollte man das als die ausnahmslos wichtigste Sache in unserem Leben betrachten? Sicher, unsere Beziehungen zu anderen Menschen sind enorm wichtig für uns; deswegen besitzen die aus ihnen entspringenden Forderungen der Moral zweifellos großes Gewicht. Dennoch fällt es nicht leicht zu verstehen, warum wir davon ausgehen sollen, dass für uns gar nichts – und zwar egal, unter welchen Umständen – gewichtiger zu sein hat als diese Beziehungen, warum mithin moralische Erwägungen stets mehr Relevanz besitzen sollen als andere.

Was manche an diesem Punkt in die Irre führt, ist möglicherweise die Annahme, die einzige Alternative zur Akzeptanz moralischer Forderungen bestehe darin, gierig seinem Eigeninteresse zu folgen. Zögert jemand, sein Verhalten moralischen Vorschriften zu unterwerfen, dann nur, so die Annahme, weil nichts Bedeutenderes ihn antreibt als der engstirnige Wunsch, sich selbst Vorteile zu verschaffen. Dann aber scheint es nur natürlich zu sein, dass ein moralisch geächtetes Verhalten unter bestimmten Umständen zwar verständlich, ja sogar verzeihlich sein mag, letztlich aber niemals Bewunderung oder echte Achtung verdient.

4 Natürlich gibt es andere Wege, den Gegenstand der Moral zu bestimmen. Definieren wir ihn jedoch mit Blick auf unsere Beziehungen zu anderen – und nicht so sehr, in stärker Aristotelischer Weise, mit Blick auf die Erfüllung unserer wesentlichen Natur –, hat das den Vorteil, besonders deutlich zu machen, was viele für den tiefsten und kompliziertesten Punkt halten, mit dem sich Moraltheorien auseinander setzen müssen, nämlich der scheinbar unausweichlichen Möglichkeit des Konflikts zwischen den Forderungen der Moral und denen des Eigeninteresses.

Und doch gibt es recht vernünftige und angesehene Menschen, die der Meinung sind, dass ihnen andere Dinge gelegentlich mehr bedeuten und auch stärkere Ansprüche an sie stellen als die Moral oder ihr Selbst. Es gibt Modi der Normativität, die im vollen Sinne des Wortes zwingend sind, aber weder in moralischen noch in egoistischen Überlegungen gründen. So mag sich jemand auf legitime Weise bestimmten Idealen widmen – etwa ästhetischen, kulturellen oder religiösen –, deren Geltung für ihn unabhängig von dem wünschbaren Verhalten ist, mit dem sich moralische Prinzipien auf besondere Weise befassen; und er kann sich diesen nichtmoralischen Idealen widmen, ohne seine persönlichen Interessen überhaupt im Kopf zu haben. Obgleich also die Annahme weit verbreitet ist, dass moralische Ansprüche alle anderen unbedingt übertrumpfen, ist keinesfalls ausgemacht, dass es immer – unter allen Umständen und unabhängig von der Frage, was auf dem Spiel steht – falsch ist, einem nichtmoralischen Modus der Normativität größere Geltung zuzusprechen.

3

Das Nachdenken darüber, was man tun und wie man sich verhalten soll, ist nicht auf moralische Erwägungen begrenzt. Folgt man meinem Vorschlag, dann gehören zu ihm auch Bewertungen, die im Lichte verschiedener nichtmoralischer Modi der Normativität vorgenommen werden und ebenfalls die Lebensführung betreffen. Die Theorie der praktischen Vernunft ist folglich mit Blick auf die von ihr berücksichtigten Typen normativer Erwägung umfassender als die Moralphilosophie.

Auch reicht sie tiefer, weil die bewertenden Normen, mit denen sie es zu tun hat, umfassender und gewichtiger sind als die Normen der Moral. Die Moral dringt nicht wirklich bis zum Äußersten vor. Schließlich reicht es nicht aus, die moralischen Forderungen zu erkennen und zu verstehen, die man mit guten Gründen an uns richten darf. Jedenfalls ist es nicht genug, um all das, was uns an unserem Verhalten wichtig ist, zu klären. Wir müssen zusätzlich wissen, wie viel Autorität wir diesen Forderungen einräumen sollen. Die Moral selbst hilft uns hier nicht weiter.

Es kann natürlich Individuen geben, die sich verpflichtet fühlen, moralisch tugendhaft zu handeln, weil das ihr kategorisch dominantes persönliches Ideal ist. Moralischsein ist dann für sie in jedem Fall wichtiger als alles andere. Wer so denkt, wird naturgemäß akzeptieren, dass moralische Forderungen andere Forderungen bedingungslos übertrumpfen. Das jedoch ist nicht der einzig sinnvolle oder attraktive Plan für ein menschliches Leben. Wir können zu der Ansicht gelangen, dass uns andere Ideale und Wertmaßstäbe anziehen und sich eindringlich als vernünftige Konkurrenten im Kampf um die uns leitende Gunst empfehlen. Selbst wenn wir also die Befehle des moralischen Gesetzes angemessen identifiziert haben, bleibt für die meisten für uns die grundlegendere praktische Frage bestehen, wie wichtig es ist, ihnen zu gehorchen.

4

Analysieren Philosophen, Wirtschaftswissenschaftler oder andere die verschiedenen Strukturen und Strategien der praktischen Vernunft, dann beziehen sie sich in der Regel auf ein eingespieltes, wenn auch eher mageres begriffliches Repertoire. Zu den wohl wesentlichsten und unverzichtbarsten dieser begrenzten Ressourcen gehört der Begriff davon, was Menschen wollen oder, um einen synonymen

Ausdruck zu verwenden (zumindest im Rahmen der etwas gewaltsamen Konvention, an die ich mich hier halten werde), was sie wünschen. Dieser Begriff findet in allen möglichen Kontexten Verwendung. Zugleich ist er völlig überfrachtet und dementsprechend ein bisschen lahm. Es gehört zur normalen Routine, ihn in unterschiedliche Rollen zu kleiden, so dass er auf eine heterogene und kaum gebändigte Sammlung psychischer Bedingungen und Ereignisse bezogen wird. Auch werden seine verschiedenen Bedeutungen kaum je unterschieden, so wenig, wie man sich darum bemüht, die Art ihrer gegenseitigen Bezugnahme zu klären. In den groben Verwendungen des gesunden Menschenverstands und der gewöhnlichen Sprache bleiben alle diese Dinge bedenkenlos undefiniert.

Deswegen bleibt unser Verständnis vieler gewichtiger problematischer Aspekte unseres Lebens der Tendenz nach unvollständig und verschwommen. Das eingespielte Begriffsrepertoire ist handlich, aber es ist nicht ausreichend für die Klärung einiger sehr wichtiger Phänomene. Wir müssen genauer auf diese Phänomene fokussieren und sollten deswegen das übliche Repertoire begrifflicher Ressourcen durch das Ausbuchstabieren einiger zusätzlicher Begriffe bereichern. Auch diese Begriffe sind, wie der Begriff des Wünschens, gleichermaßen gewöhnlich wie grundlegend. Sie sind jedoch in einem unglücklichen Ausmaß vernachlässigt worden.

5

Es ist häufig ungenügend, die Motive, die unser Verhalten leiten oder unsere Einstellungen und unser Denken formen, mit Hilfe der eher vagen Beobachtung zu identifizieren, dass es viele Dinge gibt, die wir *wollen*. Dadurch bleibt häufig zu vieles außen vor. In zahlreichen Kontexten ist es präziser und auch mit größerer Erklärungskraft verbunden, wenn man sagt, dass es etwas gibt, *worum wir uns sorgen** oder – in einer Formulierung, die in meiner (vielleicht etwas willkürlichen) Verwendung dieser ersten mehr oder weniger gleichwertig zur Seite steht – *was wir für uns selbst für wichtig halten*. In manchen Fällen bewegt uns darüber hinaus eine besonders auffällige Variante dieses Sich-Sorgens: die *Liebe*. Mein Vorschlag, das Repertoire, auf das sich die praktische Vernunft bezieht, auszuweiten, zielt auf diese zusätzlichen Begriffe: worum wir uns sorgen, was uns wichtig ist und was wir lieben.

Natürlich gibt es wichtige Beziehungen zwischen dem Wollen einer Sache und der Sorge um sie. Ja, der Begriff des Sich-Sorgens besteht größtenteils aus Elementen, die mit dem Begriff des Wünschens verbunden sind. So ist die Sorge um etwas am Ende vermutlich nichts weiter als ein gewisser komplexer Modus des Wünschens. Dennoch besagt die schlichte Zuschreibung eines Wunsches noch nicht, dass sich die Person um das gewünschte Objekt sorgt. Mehr noch, damit ist noch nicht einmal gesagt, dass das Objekt der Person auch nur irgendetwas bedeutet. Wie jeder weiß, sind viele unserer Wünsche vollkommen folgenlos. Wir sorgen uns nicht wirklich um diese Wünsche. Sie zu befriedigen ist uns überhaupt nicht wichtig.

Das muss nicht deswegen so sein, weil die Wünsche schwach sind. Die Intensität eines Wunsches besteht in sei-

* Im Original: »something we care about«. »Care« ist ein notorisch schwer übersetzbarer Zentralbegriff der Philosophie Frankfurts. In den vorhandenen Übersetzungen (siehe vor allem Harry G. Frankfurt, *Freiheit und Selbstbestimmung. Ausgewählte Texte*, hg. von Monika Betzler und Barbara Guckes, Berlin 2001) finden sich sowohl »sich sorgen« als auch »am Herzen liegen«, »wichtig sein«, »sich kümmern« oder »an etwas liegen«. Im Folgenden werden einige dieser Varianten je nach Kontext verwendet, da nur so die Nuancen des Frankfurtschen Care-Begriffs eingefangen werden können. Anm. d. Übers.

ner Fähigkeit, andere Neigungen und Interessen zur Seite zu drängen. Bloße Intensität aber verrät nicht, ob uns das, was wir wollen, wirklich am Herzen liegt. Unterschiedliche Stärken eines Wunsches können auf alle möglichen Dinge zurückgeführt werden, die mehr oder weniger unabhängig von unseren evaluativen Einstellungen sind. Es kann sein, dass es völlig unmöglich ist, diese unterschiedlichen Stärken auf die jeweilige Wichtigkeit zu beziehen, die ein gewünschter Gegenstand für uns besitzt.

Es ist sicher richtig: Sobald wir etwas unbedingt wollen, ist es uns normalerweise wichtig, dem Unbehagen zu entgehen, das droht, wenn unser Wunsch durchkreuzt wird. Dass uns das wichtig ist, heißt aber nicht, dass uns die Befriedigung des Wunsches am Herzen liegt. Wir können nämlich die Enttäuschung umgehen, ohne den gewünschten Gegenstand zu erlangen, indem wir stattdessen den Wunsch danach aufgeben. Diese Alternative mag für uns viel anziehender sein. Und so kommt es gelegentlich vor, dass wir den durchaus vernünftigen Versuch unternehmen, uns ganz von bestimmten Wünschen zu befreien (anstatt sie zu befriedigen), wenn wir die Befriedigung des Wunsches für wertlos oder schädlich halten.

In diesem Zusammenhang bringt es auch nichts, den Begriff des von Menschen Gewollten anzureichern, indem man ihre Wünsche in die Rangliste einer Präferenzordnung einträgt. Eine Person, die eine Sache mehr als eine andere will, muss nämlich erstere nicht für wichtiger halten als letztere. Nehmen wir an, jemand entscheidet sich, seine Zeit mit Fernsehen totzuschlagen; er wählt dabei ein bestimmtes Programm, weil er es den anderen vorhandenen Programmen vorzieht. Es wäre in diesem Fall illegitim zu schließen, er schaue dieses Programm an, weil es ihm am Herzen liegt. Schließlich schaut er es nur, weil er Zeit totschlagen will. Die Tatsache, dass er es den anderen vorzieht, impliziert nicht, dass ihm dieses Programm wichtiger ist als die anderen, weil es nicht impliziert, dass ihm dieses Programm überhaupt am Herzen liegt.

Sich um etwas zu sorgen unterscheidet sich nicht nur davon, etwas zu wollen oder etwas mehr zu wollen als anderes. Es unterscheidet sich auch davon, etwas für intrinsisch wertvoll zu halten. Selbst wenn jemand glaubt, etwas besäße beträchtlichen intrinsischen Wert, muss er nicht glauben, es sei für ihn wichtig. Sprechen wir einer Sache intrinsischen Wert zu, legen wir vielleicht nahe, jemand könne es sinnvollerweise um seiner selbst willen wünschen – das heißt als Endzweck und nicht bloß als Mittel zu etwas anderem. Unsere Annahme aber, dass es nicht unvernünftig sein muss, einen bestimmten Wunsch zu haben, impliziert weder, dass wir diesen Wunsch tatsächlich haben, noch impliziert es, dass wir selbst oder sonst jemand diesen Wunsch haben sollten.

Erkennen wir den intrinsischen Wert von etwas an (etwa eines Lebens, das tiefer Meditation oder ritterlichen Tugenden gewidmet ist), muss es trotzdem nicht anziehend auf uns wirken. Mehr noch, uns kann vollständig gleichgültig sein, ob überhaupt jemand daran interessiert ist, diese Sache zu unterstützen oder zu erlangen. Uns fallen schnell Dinge ein, die man besitzen oder um ihrer selbst willen tun möchte, und trotzdem halten wir es für völlig akzeptabel, dass sich niemand besonders zu ihnen hingezogen fühlt, dass ihnen niemand wirklich nachgeht.

Und selbst wenn jemand etwas haben will oder tut, weil es intrinsischen Wert besitzt, ist es immer noch nicht richtig zu schließen, es liege ihm am Herzen. Die Tatsache, dass ein gewisser Gegenstand intrinsischen Wert besitzt, hat etwas mit dem *Typ* von Wert zu tun, den der Gegenstand besitzt; es handelt sich dann nämlich um einen Wert, der ausschließlich an Eigenschaften hängt, die dem Gegenstand selbst innewohnen, nicht aber an seinen Beziehungen zu anderen Gegenständen. Worum es hier nicht geht, ist die Frage, *wie viel* Wertigkeit dieses Typs dem Gegenstand zukommt. Das, was man allein um seiner selbst willen besitzen oder tun möchte, muss demnach nicht sehr viel wert sein. So kann es ganz vernünftig für jemanden sein, viele Dinge als Endzweck zu wünschen, ganz und gar um ihres intrinsischen oder nicht-instrumentellen Werts willen, ohne zu glauben, sie seien in irgendeiner Form wichtig für ihn.

Es gibt beispielsweise zahlreiche kleine Freuden, die wir ausschließlich um ihres intrinsischen Werts willen erstreben, die uns aber nicht wirklich am Herzen liegen. Will ich ein Waffeleis, dann nur, weil es Vergnügen bereitet, das Eis zu essen. Das Vergnügen ist kein Mittel, um irgendetwas anderes zu erreichen; es ist ein Ziel, das ich allein um seiner selbst willen wünsche. Aber das heißt eben nicht, dass mir das Essen von Eis am Herzen liegt. Ganz allgemein erkenne ich bei solchen Gelegenheiten, dass mein Wunsch folgenlos und dass sein Gegenstand mir überhaupt nicht wichtig ist. Man kann also selbst dann nicht sagen, dass einer Person etwas am Herzen liegt, wenn sie es um seiner selbst willen erstrebt und der Wunsch danach unter ihre Endzwecke fällt.

Beim Planen und Organisieren ihres Lebens werden die Menschen mit vielen wichtigen Fragen konfrontiert. Sie müssen sich klar darüber werden, was sie wollen und was sie mehr als anderes wollen; sie müssen herausfinden, was ihnen intrinsisch wertvoll und damit nicht nur als Mittel, sondern als Endzweck angemessen erscheint; schließlich müssen sie klären, welche Endzwecke sie selbst tatsächlich verfolgen wollen. Darüber hinaus stehen sie vor einer weiteren, ganz besonderen Aufgabe. Sie müssen bestimmen, was ihnen am Herzen liegt.

6

Was also heißt das: eine Sache liegt einem am Herzen? Es wird hilfreich sein, dieses Problem indirekt anzugehen. Fangen wir also an zu überlegen, was es heißt, *dass uns ein Plan nicht wirklich am Herzen liegt*, dessen Ausführung wir uns eigentlich vorgenommen hatten.

So etwas könnte uns mit einem Freund passieren, der dringend auf einen Gefallen von uns angewiesen ist, aber zögert, uns darum zu bitten, weil er sich darüber im Klaren ist, dass wir einen Plan von uns aufgeben müssten, um ihm diesen Gefallen zu tun. Der Freund ist beschämt. Er zögert, aus unserer Gutmütigkeit Kapital zu schlagen. Wir aber würden ihm den Gefallen gerne tun und es ihm leichter machen, uns darum zu bitten. Also sagen wir ihm, dass uns das, was wir geplant hatten, nicht wirklich am Herzen liegt.

Wenn wir aufhören, einen bestimmten Plan zu verfolgen, tun wir das, indem wir eine von zwei möglichen Einstellungen einnehmen. Auf der einen Seite können wir den Plan aufgeben, ohne jedoch ganz und gar das Interesse und den Wunsch aufzugeben, die uns dazu brachten, den Plan zu fassen. Selbst wenn wir uns also entscheiden, unserem Freund den Gefallen zu tun, kann es immer noch sein, dass wir unsere frühere Absicht weiterhin verwirklichen wollen. Das Ausführen dieser Absicht hat nun zwar eine geringere Priorität als vorher, aber der Wunsch, das von uns Geplante durchzuführen, bleibt bestehen. Insofern zieht die Entscheidung, den Plan aufzugeben, Enttäuschung nach sich, zumindest jedoch ein gewisses Maß an Frustration. Mit anderen Worten, uns werden dadurch gewisse Kosten auferlegt.

Auf der anderen Seite kann es sein, dass uns die Aufgabe des Plans dazu bringt, unser ursprüngliches Interesse an ihm ganz ad acta zu legen. Wir verlieren das Bedürfnis, ihn auszuführen. Wenn das geschieht, besitzt die Erfüllung des

Wunsches überhaupt keinen Platz mehr in der Ordnung unserer Prioritäten. Wir haben den Wunsch einfach nicht mehr. Tun wir unserem Freund dann den Gefallen, wird uns kein Verlust mehr auferlegt, also auch keine Frustration oder Enttäuschung. Diesbezüglich entstehen keine Kosten. Für unseren Freund gibt es dann keinen Grund mehr, sich unwohl zu fühlen, wenn er uns um einen Gefallen und folglich um die Aufgabe unser ursprünglichen Absichten bitten will. Wir wiederum könnten ihm genau das mitteilen, indem wir ihm sagen, dass uns unsere ursprünglichen Absichten nicht wirklich am Herzen liegen.

Eine gewisse Vorsicht ist hier allerdings geboten. Wir zeigen nämlich nicht, dass sich eine Person um etwas sorgt, indem wir schlicht feststellen, dass ihr Wunsch danach auch dann noch bestehen bleibt, wenn sie entscheidet, auf die Befriedigung des Wunsches zu verzichten oder sie hinauszuzögern. Der Wunsch kann schließlich einzig aufgrund seiner eigenen Intensität am Leben bleiben, ohne dass man ihn in besonderer Weise am Leben erhalten möchte. Er kann sogar trotz bewusster Bemühungen, ihn loszuwerden, am Leben bleiben. Man ist dann in der unglücklichen Lage, an einen Wunsch gefesselt zu sein, den man nicht haben möchte. Ist das der Fall, ist der Wunsch in der Person zwar lebendig und aktiv, aber er ist es gegen ihren Willen. Er bleibt, mit anderen Worten, nicht am Leben, weil sie sich um ihn sorgt, sondern weil er sich ihr aufdrängt.

Liegt einer Person andererseits etwas am Herzen, dann ist sie willentlich an ihren Wunsch gebunden. Der Wunsch bewegt sie weder gegen ihren Willen noch ohne ihre Unterstützung. Sie ist nicht sein Opfer; er ist ihr auch nicht einfach nur gleichgültig. Im Gegenteil, sie will, dass dieser Wunsch sie bewegt. Sie ist deswegen auch bereit, notfalls einzugreifen, um sicherzustellen, dass er am Leben bleibt. Verblasst der Wunsch oder scheitert er, ist sie bereit, ihn aufzufrischen und ihm genau das Maß an Einfluss wieder zu geben, das der Wunsch in ihren Augen auf ihre Einstellungen und ihr Verhalten ausüben soll.

Die Person, der das von ihr Gewünschte am Herzen liegt, will also nicht nur ihren Wunsch erfüllen, sie will auch noch etwas anderes: sie will, dass der Wunsch am Leben bleibt. Darüber hinaus entspringt dieser Wunsch nach Fortbestand des Wunsches nicht nur einer oberflächlichen Neigung. Er ist nicht vorübergehend oder nebensächlich. Es ist ein Wunsch, mit dem sich die Person identifiziert und der für sie ausdrückt, was sie wirklich will.

7

Die Sorge um etwas mag hierin nicht aufgehen. Es ist sicher richtig, dass das Sich-Sorgen viele Schattierungen und Nuancen hat, die diese eher begrenzte Analyse nicht ausbuchstabiert. Aber wenn wir es hier mit einer wenigstens ansatzweise korrekten Beschreibung zu tun haben, dann ist die Tatsache, dass wir uns tatsächlich um eine ganze Reihe von Dingen sorgen, von grundlegender Bedeutung für den Charakter des menschlichen Lebens.

Nehmen wir an, wir sorgten uns um gar nichts. Wäre das der Fall, würden wir nichts tun, um mit Blick auf unsere Wünsche oder die Bestimmungen unseres Willens irgendeine Form thematischer Einheit oder Kohärenz aufrechtzuerhalten. Wir wären nicht aktiv darum bemüht, bestimmte Interessen oder Ziele am Leben zu halten. Sicher, ein gewisses Maß an stabiler Kontinuität könnte sich dennoch in unserem volitionalen Leben einstellen. Soweit aber unsere eigenen Absichten und Anstrengungen betroffen sind, wäre das ganz zufällig und unbeabsichtigt. Die Einheit und die Kohärenz wären nicht das Ergebnis einer absichtsvollen Initiative oder Führung unsererseits. Verschiedene Richtungen und Konfigurationen unseres Willens kämen und gingen, gelegentlich hielten sie sich für eine Weile durch. Was die Gestalt ihrer Abfolge und Dauer anginge, spielten wir aber keine entscheidende Rolle.

Natürlich hat die Frage, was uns im Besonderen am Herzen liegt, großen Einfluss auf den Charakter und die Qualität unseres Lebens. Es ist sehr bedeutsam, dass uns bestimmte Dinge und nicht andere wichtig sind. Aber die Tatsache, dass es Dinge *gibt*, die uns am Herzen liegen – die Tatsache also, dass uns überhaupt etwas am Herzen liegt –, ist noch bedeutsamer, weil diese Tatsache nicht nur auf den individuellen Charakter des Lebens einer Person Einfluss nimmt, sondern auf die grundlegende Struktur dieses Lebens. Das Sich-Sorgen ist auf eine grundlegende Weise als eine Aktivität unverzichtbar, die uns mit uns selbst in Verbindung bringt und uns an uns bindet. Mit Hilfe des Sich-Sorgens verschaffen wir uns volitionale Kontinuität und konstituieren uns auf diese Weise als Akteure, nehmen auf diese Weise Teil an unserem eigenen Handeln. Egal, wie passend oder unpassend die verschiedenen Dinge sein mögen, die uns am Herzen liegen, das Sich-Sorgen um etwas ist wesentlich dafür, dass wir die Art von Wesen sind, die Menschen nun einmal sind.

Das Vermögen des Sich-Sorgens verlangt nach einem Typ psychischer Komplexität, der für Wesen unserer Art eigentümlich sein mag. Allein aufgrund seiner Natur offenbart das Sich-Sorgen das für uns typische Vermögen, Gedanken, Wünsche und Einstellungen zu haben, die sich auf unsere Einstellungen, Wünsche und Gedanken beziehen, und ist zugleich abhängig von diesem Vermögen. Mit anderen Worten, es ist abhängig von der Tatsache, dass der Geist des Menschen *reflexiv* ist. Tiere diverser, niedriger Spezies haben auch Wünsche und Einstellungen. Manche mögen sogar Gedanken haben. Aber Tiere, die diesen Spezies angehören, sind – so scheint es zumindest – nicht selbstkritisch. Sie werden durch Impulse oder Neigungen zum Handeln angetrieben, je nachdem, wie es gerade kommt, ohne Vermittlung reflektierender Betrachtungen, ohne kritische Abwägung ihrer eigenen Motive. In dem Maße, in dem ihnen das Vermögen fehlt, Einstellungen zu sich selbst auszubilden, fehlt ihnen die Möglichkeit, sich selbst zu akzeptieren oder einen inneren Widerstand gegen das, was sie sind, aufzubauen. Sie können sich weder mit den Kräften identifizieren, die sie bewegen, noch können sie sich von diesen Kräften distanzieren. Sie sind strukturell unfähig zu solchen Eingriffen in ihr eigenes Leben. Wie immer man es sieht, sie besitzen nicht die Ausrüstung, um sich selbst ernst zu nehmen.

Andererseits macht uns die für Menschen kennzeichnende Selbstwahrnehmung für eine innere Spaltung empfänglich, in der wir uns von uns selbst trennen und uns selbst vergegenständlichen. Dadurch geraten wir in die Lage, die uns gerade antreibenden Kräfte zu bewerten, und bestimmen so, welche dieser Kräfte wir akzeptieren können und welche wir bekämpfen wollen. Konfligieren verschiedene dieser motivierenden Kräfte in uns, dann verhalten wir uns im Allgemeinen nicht passiv oder neutral gegenüber der Frage, wie dieser Konflikt aufgelöst wird. Wir nehmen uns ernst. Dementsprechend gesellen wir uns der einen oder der anderen der Konfliktparteien zu, um so aktiv auf das Resultat Einfluss zu nehmen. Das tatsächliche Resultat dieser Auseinandersetzung unter unseren Wünschen stellt sich für uns dann entweder als Sieg oder als Niederlage dar.

8

Wesen wie wir lassen sich nicht auf Wünsche beschränken, die sie zum Handeln bewegen. Sie verfügen darüber hinaus über das Vermögen, Wünsche auszubilden, die sich auf ihre eigenen Wünsche beziehen – das heißt auf das, wovon sie wollen, dass sie es wollen, und auf das, wovon sie wollen, dass sie es nicht wollen. Diese Wünsche höherer Ordnung werden im direkten Sinne nicht dem Handeln zugeordnet, sondern den Motiven. Die Menschen kümmern sich in der Regel um ihre Motive; sie wollen, dass ihre Handlungen von bestimmten Motiven getragen werden und nicht von anderen. In dem Maße, in dem sie einige ihrer eigenen motivationalen Neigungen kritikwürdig finden, versuchen sie, diese Motive zu schwächen und ihnen zu widerstehen. Sie identifizieren sich nur mit einigen der Wünsche und Dispositionen, auf die sie in sich stoßen. Sie wollen in ihrem Handeln von diesen Wünschen und Dispositionen motiviert werden und wollen nicht, dass die von ihnen abgelehnten Motive in ihrem Handeln wirksam werden.

Gelegentlich kommt es vor, dass es Menschen selbst dann nicht gelingt, die motivierende Kraft der Wünsche zu bekämpfen, deren motivationale Wirkungslosigkeit sie vorziehen, wenn sie dieses mit angestrengtester Gewissenhaftigkeit tun. So mag jemand von Eifersucht oder Racheqelüsten angetrieben werden, obwohl er diese Motive ablehnt und in jedem Fall vorziehen würde, nicht von ihnen angetrieben zu werden. Unglücklicherweise zeigt sich, dass ihre Kraft zu groß für seinen Widerstand ist; am Ende gibt er dieser Kraft nach. Trotz seiner Ablehnung treibt ihn der ungeliebte Wunsch zum Handeln an. Angesichts der Tatsache, dass er dieser Kraft so gut als möglich widerstanden hat, lässt sich mit gutem Grund sagen, dass ihn dieser Wunsch gegen seinen Willen angetrieben hat und dass er dementsprechend auch gegen seinen Willen gehandelt hat.

Natürlich kann es sein, dass jemand ganz und gar einverstanden ist mit den Wünschen, die ihn in seinem Handeln antreiben. So mag er beispielsweise von dem Wunsch nach Großzügigkeit angetrieben werden und dieses Motiv begrüßen; das ist dann genau der Wunsch, von dem er sich unter den gegebenen Umständen gerne bestimmen lässt. In einem solchen Fall tut er, wenn er großzügig handelt, nicht nur genau das, was er tun möchte, und ist in seinem Handeln dementsprechend frei; es gilt auch, dass sein Wünschen frei ist, und zwar in dem parallelen Sinne, wonach das, was er im Handeln will – nämlich großzügig zu sein –, genau das ist, wovon er will, dass er es will.

Nehmen wir nun an, jemand führt eine Handlung aus, die er ausführen will. Nehmen wir weiter an, das Motiv, das ihn beim Ausführen leite, sei genau das Motiv, von dem er motiviert werden möchte. Diese Person ist weder mit Blick auf das, was sie tut, noch mit Blick auf den sie motivierenden Wunsch in irgendeiner Weise unwillig oder indifferent. Mit anderen Worten, weder ihr Handeln noch der sie motivierende Wunsch wird ihr gegen ihren Willen oder ohne ihre Akzeptanz aufgezwungen. Für beides gilt, dass diese Person kein passiver Zuschauer und auch kein Opfer ist.

Unter diesen Umständen genießt diese Person, denke ich, so viel Freiheit, wie wir uns vernünftigerweise wünschen können. Mehr noch, mir scheint, sie genießt so viel Freiheit, wie für uns denkbar ist. Sie kommt damit der Freiheit des Willens so nahe, wie das endliche Wesen, die sich nicht selbst erschaffen, sinnvollerweise hoffen können.[5]

Die Menschen wollen von bestimmten Wünschen zum Handeln angetrieben werden; bei anderen Wünschen,

5 Da wir uns nicht selbst erschaffen, muss es etwas an uns geben, dessen Ursache wir nicht sind. In meinen Augen läuft der kritische Punkt unseres Interesses an Freiheit nicht auf die Frage hinaus, ob die Ereignisse in unserem volitionalen Leben durch Bedingungen außerhalb unserer selbst kausal bestimmt werden. Es ist nicht die kausale Unabhängigkeit, die hier, zumindest was die Freiheitsproblematik angeht, wirklich zählt. Es ist Autonomie. Autonomie hängt wesentlich daran, ob wir in unseren Motiven und Entscheidungen eher aktiv als passiv sind, ob wir diese Motive und Entscheidungen – unabhängig von der Frage, wie wir zu ihnen gelangen – wirklich wollen, denn dann sind sie uns in keiner Weise fremd.

die sie normalerweise haben, ziehen sie eine motivationale Wirkungslosigkeit vor. Schließlich gibt es noch weitere Hinsichten, in denen ihnen ihre Wünsche wichtig sind. So wollen sie, dass einige ihrer Wünsche fortdauern; das Fortdauern anderer Wünsche aber ist ihnen gleichgültig oder wird sogar aktiv von ihnen bekämpft. Diese alternativen Möglichkeiten – die Bindung an die eigenen Wünsche oder das Fehlen einer solchen Bindung – bestimmen den Unterschied zwischen Sich-Sorgen und Sich-nicht-Sorgen. Ob sich jemand um den Gegenstand seiner Wünsche sorgt oder nicht sorgt, hängt davon ab, welche der Alternativen ein Übergewicht besitzt.[6]

9

Viele Dinge werden uns allein durch die Tatsache wichtig – oder zumindest wichtiger, als es sonst der Fall wäre –, dass wir uns um sie sorgen. Würden wir uns nicht um sie sorgen, wären sie uns entweder nicht ganz so wichtig oder besäßen am Ende überhaupt keine Wichtigkeit für uns. Denken wir zum Beispiel an Menschen, die unsere Freunde sind. Diese Menschen wären uns wesentlich weniger wichtig, wenn wir uns nicht so sehr um sie sorgen würden, wie wir das tun. Der Erfolg einer Basketball-Mannschaft ist für ihre Fans ziemlich wichtig, wäre für sie aber ganz und gar unwichtig, wenn sie sich nicht um sie sorgen würden.

6 Das Innenleben menschlicher Wesen ist dunkel, nicht nur für andere, sondern auch für sie selbst. Wir sind in der Regel eher schlecht informiert über unsere eigenen Einstellungen und Wünsche und auch darüber, wo unsere Bindungen wirklich liegen. Es ist deswegen sinnvoll, sich vor Augen zu führen, dass man sich stark um etwas sorgen kann, ohne sich darüber im Klaren zu sein, dass das der Fall ist. Genauso kann es sein, dass einem bestimmte Dinge überhaupt nicht wichtig sind, obwohl man fest davon überzeugt ist, dass einem diese Dinge extrem wichtig sind.

Natürlich gibt es viele Dinge, die wichtig für uns sind, obwohl wir ihre Wichtigkeit nicht anerkennen und uns dementsprechend auch überhaupt nicht um sie sorgen. So gibt es beispielsweise eine große Zahl von Menschen, die nicht wissen, dass sie einer natürlichen Strahlung ausgesetzt sind, ja, die nicht einmal wissen, dass es so etwas gibt. Diese Menschen sorgen sich naturgemäß nicht um das Niveau der natürlichen Strahlung, der sie ausgesetzt sind. Daraus folgt nicht, dass das Strahlungsniveau, dem sie ausgesetzt sind, nicht wichtig für sie wäre. Es *ist* wichtig für sie, ob sie das nun wissen oder nicht.

Und doch besitzen die Dinge, die einer Person wichtig sind, obwohl sie sich nicht um sie sorgt, diese Wichtigkeit nur, weil sie in einem bestimmten Verhältnis zu Dingen stehen, um die sie sich sorgt. Stellen wir uns vor, jemand kümmert sich überhaupt nicht um seine Gesundheit und schon gar nicht um die Wirkungen, die von Strahlung ausgehen können. Stellen wir uns weiter vor, dass es diesem Menschen wirklich vollkommen egal ist, ob diese Wirkungen seine Umwelt, andere Menschen oder ihn selbst betreffen. In diesem Fall ist ihm das Niveau der Strahlung nicht wichtig. Es liegt ihm tatsächlich nicht am Herzen; er hat keinen Grund, sich darum zu sorgen. Soweit er betroffen ist, ist es ihm egal, ob das Niveau hoch oder niedrig ist. Wichtig ist dies nur für Menschen, die sich um das Maß der Strahlung sorgen, entweder um seiner selbst willen oder aufgrund von Umständen, auf die die Strahlung in relevanter Weise einwirken könnte.

Gäbe es tatsächlich jemand, der sich im wahrsten Sinne des Wortes um absolut nichts sorgte, dann wäre ihm nichts wichtig.[7] Er wäre an seinem eigenen Leben unbeteiligt, ohne Interesse an der Kohärenz und Kontinuität

7 Das lässt die Frage offen, auf die ich im Laufe dieser Untersuchung noch eingehen werde, ob es nicht bestimmte Dinge gibt, die ihm wichtig sein *sollten* und um die er sich sorgen *sollte*.

seiner Wünsche: Auch würde er seine volitionale Identität vernachlässigen und stünde folglich in diesen Hinsichten sich selbst gleichgültig gegenüber. Nichts von dem, was er tut oder fühlt, nichts, was geschieht, wäre wichtig für ihn. Er mag glauben, sich um manche Dinge zu sorgen, so dass sie ihm wichtig erscheinen. Das aber wäre, ex hypothesi, eine Täuschung. Natürlich kann er immer noch einige Wünsche haben, von denen manche stärker sind als andere; aber er hätte kein Interesse daran, wie seine Wünsche und Präferenzen von Augenblick zu Augenblick aussehen. Selbst wenn es sinnvoll wäre, von einer solchen Person zu sagen, sie hätte einen Willen, könnte man wohl kaum sagen, dass ihr Wille wirklich ihr eigener wäre.

10

Indem wir uns um Dinge sorgen, verleihen wir der Welt Wichtigkeit. Auf diese Weise gewinnen unsere Vorhaben und Absichten Festigkeit, treten unsere Interessen und Ziele hervor. Die Wichtigkeit, die unsere Sorge für uns schafft, bestimmt die Standards und Zwecke, an denen wir unser Leben auszurichten versuchen. Eine Person, die sich um etwas sorgt, lässt sich in dem Maße, in dem ihre Einstellungen und Handlungen an Form gewinnen, von ihrem andauernden Interesse daran leiten. Die Sorge um gewisse Dinge bestimmt dann die Art und Weise, wie diese Person die Wichtigkeit ihrer Lebensführung einschätzt. Die Gesamtheit der verschiedenen Dinge, um die sich eine Person sorgt, spezifiziert – zusammen mit der Rangfolge der Wichtigkeit, die sie den Dingen verleiht – wirkungsvoll ihre Antwort auf die Frage, wie zu leben sei.

Nehmen wir nun an, sie fragt sich, ob sie auf dem richtigen Weg ist. Mit anderen Worten, nehmen wir an, dass sie irgendwie die Frage umtreibt, ob sie sich wirklich um die Dinge sorgen soll, um die sie sich de facto sorgt. Bei dieser Frage geht es um Gründe. Indem sie sich fragt, ob sie ihr Leben auf der Grundlage der Dinge führen soll, um die sie sich sorgt, fragt sie sich, ob es Gründe gibt, die gut genug sind, um für sie die Art ihres Lebens zu rechtfertigen. Damit fragt sie auch, ob es nicht bessere Gründe gäbe, die für ein anderes Leben sprächen.

Die Beschäftigung mit dieser Frage mag einen Schwindel in uns auslösen, der größer ist als der, den Sokrates verspürte, als er sich der vorgeblich paradoxen Tatsache einer Person gegenübersah, die kleiner werden kann als eine andere, obgleich sich an ihrer Größe nichts ändert. Ja, wenn wir erst einmal anfangen zu fragen, wie Menschen leben *sollen*, finden wir uns mit ziemlicher Sicherheit hilflos in einem Strudel wieder. Das Problem ist nicht, dass die Frage zu schwierig ist. Das Stellen der Frage bewirkt eher deswegen Orientierungslosigkeit, weil sie unausweichlich selbstbezüglich ist und so in einen endlosen Zirkel führt. Kein Versuch, das Problem zu klären – und zwar systematisch und grundlegend zu klären –, worum wir uns mit guten Gründen sorgen sollen, kann erfolgreich sein. Alle Bemühungen, mit Blick auf dieses Thema eine rationale Untersuchung durchzuführen, werden unausweichlich scheitern und auf sich selbst zurückfallen.

Es ist nicht schwer, sich vor Augen zu führen, warum das so ist. Um eine rationale Bewertung einer Lebensweise vorzunehmen, muss eine Person zunächst wissen, welche evaluativen Kriterien sie heranziehen soll und wie sie sie heranziehen soll. Sie muss wissen, welche Überlegungen eher für die eine als für die andere Lebensweise sprechen, und sie muss auch wissen, welche Überlegungen jeweils dagegen sprechen; schließlich muss sie in der Lage sein, das relative Gewicht dieser Überlegungen einzuschätzen. So muss ihr zum Beispiel klar sein, wie sie die Tatsache zu bewerten hat, dass eine Lebensweise eher als andere Lebensweisen (oder in geringerem Maße als diese) zu persönlicher Befriedigung führt, zu Lust, Macht, Ruhm, Kreativität, spiritueller Tiefe, zu einem Leben in harmonischem Einklang mit religiösen Vorschriften, zu Konformität mit den Ansprüchen der Moral und so weiter.

Die Probleme, die hier entstehen, laufen auf eine ziemlich klare Form der Zirkularität hinaus. Damit eine Person auch nur in der Lage ist, eine Untersuchung der Frage, wie zu leben sei, zu denken und zu initiieren, müssen ihr schon diejenigen Urteile zur Verfügung stehen, auf die die Untersuchung zielt. Um die Frage, wie zu leben sei, zu identifizieren – das heißt, um zu verstehen, was für eine Frage das ist und wie genau man versucht, sie zu beantworten –, müssen die Kriterien spezifiziert werden, die herangezogen werden, um verschiedene Lebensweisen zu bewerten. Das Identifizieren der Frage ist letztlich nichts anderes als das Spezifizieren dieser Kriterien. Was die Frage wissen will, ist, genau genommen, welche Lebensweise diese Kriterien am besten erfüllt. Das Identifizieren der Kriterien, die für die Bewertung verschiedener Lebensweisen herangezogen werden sollen, läuft aber auch darauf hinaus, eine Antwort auf die Frage zu liefern, wie zu leben sei, da die Antwort auf diese Frage schlicht besagt, dass man auf die Weise leben soll, die jene Kriterien (welche auch immer) am besten erfüllt, die heranzuziehen sind, um Lebensweisen zu bewerten.

Das Klären des Problems, welcher Frage die Untersuchung nachgehen soll, besteht aus dem Identifizieren der Kriterien, die heranzuziehen sind, um die Untersuchung durchzuführen. Das aber ist das Gleiche wie das Bejahen der Urteile, die mit der Frage zu tun haben, warum ein Leben einem anderen vorzuziehen ist, Urteile, die doch mit Hilfe der Untersuchung erst gefunden werden sollen. Man kann also sagen, dass die Frage *systematisch unvollständig* ist. Es ist so lange unmöglich, die Frage genau zu identifizieren oder herauszufinden, wie man sie angehen soll, bis die Antwort auf die Frage bekannt ist.

Diese Schwierigkeit lässt sich auch noch auf andere Weise ans Licht bringen. Etwas kann einer Person nur wichtig sein, wenn es für sie einen Unterschied markiert. Verhalten sich die Dinge mit oder ohne diese Sache genau gleich, dann wäre es ganz sinnlos, sich darum zu sorgen. Sie kann dann nicht wirklich wichtig sein. Natürlich ist es nicht genug, wenn hier nur *irgendein* Unterschied markiert wird, da schließlich alles irgendwie einen Unterschied markiert. Aber nicht alles ist wichtig. Soll etwas wichtig sein, dann kann der Unterschied, der dadurch markiert wird, offensichtlich nicht folgenlos bleiben. Er kann nicht so trivial sein, dass es vernünftig wäre, ihn ganz zu vernachlässigen. Mit anderen Worten, es muss sich um einen Unterschied handeln, der eine gewisse Wichtigkeit besitzt. Damit eine Person wissen kann, wie sie bestimmen soll, was ihr wichtig ist, muss sie folglich schon wissen, wie sie bestimmte Dinge als solche Dinge identifizieren kann, die jene Unterschiede markieren, die für sie wichtig sind. Um ein Kriterium der Wichtigkeit zu formulieren, wird der Besitz genau des Kriteriums vorausgesetzt, das formuliert werden soll. Diese Zirkularität ist sowohl unausweichlich als auch fatal.

II

Es kann keine geordnete Untersuchung der Frage geben, wie man leben soll, weil sich die vorausliegende Frage, wie die Gründe zu identifizieren und zu bewerten sind, die darüber entscheiden, wie man leben soll, erst dann klären lässt, wenn geklärt ist, wie man leben soll. Die Frage, worum man sich sorgen soll, muss, mit anderen Worten, schon beantwortet sein, bevor eine rationale Untersuchung, die darauf zielt, sie zu beantworten, auch nur in Gang kommen kann. Natürlich stimmt es, dass eine Person, hat sie erst einmal einige Dinge als für sie wichtig erkannt, auf dieser Basis schnell andere Dinge identifizieren kann. Die Tatsache, dass sie sich um bestimmte Dinge sorgt, verschafft ihr sehr wahrscheinlich die Einsicht, dass es vernünftig für sie wäre, sich um eine Reihe anderer, verwandter Dinge zu sorgen. Es ist aber *nicht* möglich, dass eine Person, die sich nicht schon um *etwas* sorgt, Gründe entdeckt, die dafür sprechen, sich um irgendetwas zu sorgen. Niemand kann sich am eigenen Schopf aus dem Sumpf ziehen.

Anders gesagt, die zentrale und wesentliche Frage, die sich mit Blick auf die Führung des eigenen Lebens für eine Person stellt, kann nicht die *normative* Frage danach sein, wie sie leben *soll*. Diese Frage kann sinnvollerweise erst dann gestellt werden, wenn vorher die *faktische* Frage geklärt ist, worum sie sich *tatsächlich* sorgt. Sorgt sie sich um gar nichts, dann kann sie nicht einmal anfangen, in methodischer Absicht zu erforschen, wie sie leben soll; dieses Sich-um-nichts-Sorgen impliziert, dass es nichts gibt, was als Grund eher für die eine als für die andere Art zu leben spricht. Wenn das so ist, dann wird ihr die Tatsache, dass es ihr nicht möglich ist zu bestimmen, wie sie leben soll, sicherlich kein Unbehagen bereiten. Denn wenn ihr tatsächlich nichts wichtig ist, dann wird ihr auch *das* nicht wichtig sein.

Nun sorgt sich allerdings de facto fast jeder um irgendetwas. Fast jeder sorgt sich zum Beispiel darum, am Leben zu bleiben oder ernste Verletzungen, Krankheit, Hunger und verschiedene Formen psychischer Belastung und Störung zu vermeiden; viele sorgen sich um ihre Kinder, um ihr Auskommen und darum, wie andere über sie denken. Es muss kaum erwähnt werden, dass sich viele in der Regel auch um eine Reihe anderer Dinge sorgen. Für fast jeden gibt es zahlreiche Erwägungen, die als Grund für das Vorziehen der einen Lebensweise gegenüber einer anderen herangezogen werden.

Darüber hinaus sind einige der Erwägungen, die als Grund für dieses Vorziehen gelten, für fast jeden gleich. Das ist kein Zufall, und es ist auch nicht das Produkt spezieller historischer oder kultureller Umstände. Die Menschen sorgen sich in vielen Hinsichten um die gleichen Dinge, weil die Natur des Menschen und die wesentlichen Bedingungen menschlichen Lebens auf biologischen, psychologischen und umweltbedingten Tatsachen beruhen, die wenig Varianz und Veränderung zulassen.[8]

Trotzdem könnte ein empirisches Erfassen der Dinge, um die sich die Menschen tatsächlich sorgen und die ihnen tatsächlich wichtig sind, den Anschein erzeugen, als zielte es am eigentlichen Punkt unserer ursprünglichen Beschäftigung mit der Frage, welche Art von Leben zu führen sei, vorbei, und zwar selbst dann, wenn diese Dinge für jeden gleich sind und auch die gleichen Wertigkeiten besitzen. Wie könnte ein solcher faktischer Bericht die zunächst sehr beunruhigende Ungewissheit über unsere Lebensführung verringern oder sogar vollständig aufheben? Einfach nur zu wissen, wie sich die Dinge verhalten, so scheint es, rechtfertigt sie nicht. Warum sollte die Tatsache, dass die Menschen im Allgemeinen – oder immer – bestimmte Kriterien heranziehen, um Alternativen zu bewerten, als ausreichend gelten, um zu konstatieren, dass es am vernünftigsten ist, genau diese Kriterien heranzuziehen? Die Einsicht in den Status quo scheint kaum auszureichen, um uns, für sich betrachtet, einen guten Grund für seine Akzeptanz zu liefern.

Wir sollten uns allerdings vor Augen führen, dass das ehrgeizige Projekt, eine erschöpfend rationale Rechtferti-

8 Natürlich unterscheiden sich die Menschen ziemlich stark in der Art und Weise, wie sie Dinge gewichten. Obgleich viele Dinge für fast jeden wichtig sind, sind die Präferenzen und Prioritäten mit Blick auf die Dinge, um die sich alle sorgen, keinesfalls die gleichen.

gung für die Art zu liefern, wie wir unser Leben führen sollen, fehlgeleitet ist. Die pan-rationalistische Fantasie, man könne – angefangen mit den ersten Grundsätzen – beweisen, wie wir leben sollen, ist inkohärent und muss aufgegeben werden. Nicht die faktische Frage nach der Sorge verfehlt das Ziel, sondern die normative Frage. Wenn wir die Schwierigkeiten und Zweifel auflösen wollen, die mit der Klärung der Frage nach der Art des Lebens zu tun haben, sind nicht Gründe und Beweise das Grundlegendste, was wir brauchen, sondern Klarheit und Vertrauen. Um mit der schwierigen und unruhigen Ungewissheit, wie zu leben sei, umzugehen, müssen wir nicht ausfindig machen, welche Art zu leben mit Hilfe endgültiger Argumente gerechtfertigt werden kann. Vielmehr müssen wir schlicht erkennen, was es ist, worum wir uns wirklich sorgen, um dann mit entschiedenem und unerschütterlichem Vertrauen daranzugehen, uns darum zu sorgen.[9]

12

Wie sehr das Vertrauen in unsere Überzeugungen, Einstellungen oder Verhaltensweisen gerechtfertigt ist, hängt oft an der Stärke der Gründe, die dieses Vertrauen stützen. Manchmal aber wäre es dumm, darauf zu insistieren, dass dieses Vertrauen nur dann angemessen ist, wenn es in Gründen sicher verankert werden kann. So sind normale

9 Vertrauen sollte nicht mit Fanatismus oder Engstirnigkeit verwechselt werden. Selbst eine entschieden und unerschütterlich vertrauensvolle Person wird in der Regel erkennen, dass es zusätzliche Evidenzen oder Erfahrungen gibt, die sie dazu bringen könnten, ihre Einstellungen oder Überzeugungen zu ändern. Ihr Vertrauen mag implizieren, dass sie einen solchen Wandel für unwahrscheinlich hält, aber das heißt nicht, dass sie die Absicht hat, diesen Wandel zu verhindern.

Menschen in der Regel überhaupt nicht im Ungewissen darüber, ob sie sich um ihr eigenes Überleben oder um das Wohlbefinden ihrer Kinder sorgen sollen. Wir sorgen uns um solche Dinge ohne Zögern und Einschränkung und auch ohne uns ängstlich zu fragen, ob sich die Angemessenheit dieser Sorge nachweisen lässt.[10] Wir gehen nicht davon aus, dass das sichere Vertrauen, das unsere Einstellungen diesen Dingen gegenüber normalerweise kennzeichnet, an der Überzeugung hängt, dieses Vertrauen könne durch rational zwingende Argumente gerechtfertigt werden, und wir glauben auch nicht, dass sie daran hängen sollte.

Vielleicht gibt es solche Argumente, aber das ist hier nicht der Punkt. Die Tatsache, dass sich die Menschen normalerweise der Fortsetzung ihres Lebens und dem Wohlbefinden ihrer Kinder verbunden fühlen, entspringt nicht irgendwelchen Reflexionen über Gründe; auch hängt sie nicht von der Annahme ab, man könne gute Gründe finden. Diese Formen der Verbundenheit sind uns angeboren. Sie beruhen nicht auf Überlegung. Sie antworten nicht auf Anweisungen der Rationalität.

Die Anweisungen, auf die sie tatsächlich antworten, haben ihre Quelle nicht in Urteilen und Gründen, sondern in einer bestimmten Art des Sich-um-Dinge-Sorgens. Es handelt sich um Anweisungen der Liebe. Wir sind voller Vertrauen mit Blick auf die Sorge um unsere Kinder und unser Leben, weil wir sie dank einer unserer Natur biologisch innewohnenden Notwendigkeit lieben. Wir lieben sie sogar dann noch, wenn sie uns enttäuschen oder uns Schmerz zufügen. Und häufig lieben wir sie auch dann noch, wenn

10 Damit keine Missverständnisse aufkommen: Wir können im Ungewissen darüber sein, wie groß die Sorge sein sollte oder ob wir uns nicht eher um die eine Sache als um die andere sorgen sollten. Wir vertrauen aber auch dann noch darauf, dass uns unser Leben und unsere Kinder wichtig sind, wenn wir nicht genau wissen, wie wichtig sie uns sein sollen.

wir uns längst von der Unvernünftigkeit dieser Liebe überzeugt haben.[11]

Die Menschen lieben nicht alle die gleichen Dinge. Die Tatsache, dass ich mein Leben und meine Kinder liebe, besagt nicht, dass ich deine Kinder und dein Leben liebe. Mehr noch, es gibt sehr wahrscheinlich Menschen, die ganz ernst und aufrichtig lieben, was wir selbst fürchten oder verachten. Daraus entsteht ein Problem. Man sollte aber nicht annehmen, dieses Problem könne nur dann sensibel und wirksam behandelt werden, wenn man Beweise und Argumente heranzieht. In Wahrheit müssen wir gar nicht entscheiden, wer hier Recht hat.

Für uns geht es darum, unsere Kinder und unser Leben zu schützen. Wir können das unter anderem natürlich tun, indem wir unsere Feinde von ihrem Unrecht überzeugen. Wir können aber sicher nicht damit rechnen, sie mit Hilfe neutraler und universell akzeptabler rationaler Methoden davon zu überzeugen, dass sie einen Fehler begehen. Weil das nicht möglich ist, sollten wir aber weder meinen, es wäre unvernünftig, das, was wir lieben, gegen die zu verteidigen, die es gefährden, noch sollten wir meinen, es wäre nicht gerechtfertigt, die Interessen der Kinder auch angesichts des Widerstands oder der Gleichgültigkeit derer zu fördern, denen an diesen Interessen nichts liegt.

Eltern handeln in unseren Augen ja nicht unvernünftig oder ungerechtfertigt, wenn sie ihre Kinder auch in dem

11 Zweifellos kann unsere Bereitschaft, den Anweisungen der Liebe zu gehorchen, durch Erfahrungen oder Überlegungen unterminiert werden, die uns unserer Meinung nach Gründe liefern, unseren Kindern oder unserem Leben weniger Sorge entgegenzubringen. Einige Menschen wenden sich schließlich gegen ihre Kinder, und einige entscheiden sich, ihr Leben zu beenden. Die Tatsache, dass sie meinen, über gute Gründe für das Beenden ihrer Liebe zum Leben oder zu ihren Kindern zu verfügen, besagt allerdings nicht, dass Vernunft die Liebe, solange sie hielt, gerechtfertigt hat.

Augenblick noch mit ungebrochenem Vertrauen und mit ungebrochener Hingabe lieben und beschützen, in dem sie entdecken, dass andere ihren Kindern mit Abscheu oder Verachtung begegnen. Und sie werden dafür in der Regel auch dann nicht verurteilt, wenn sie unfähig sind, argumentativ zu belegen, geschweige denn zu beweisen, dass die Feindschaft gegen ihre Kinder unbegründet ist. Wir gehen nicht davon aus, dass jemand auf irrationale Weise hartnäckig oder auf verwerfliche Weise willkürlich agiert, wenn er darauf insistiert, sein Leben zu verteidigen, obwohl er die gegen ihn geführten Klagen all jener nicht widerlegen kann, die ihm den Tod wünschen.

Warum sollte uns dann aber die Unmöglichkeit beschämen, streng bewiesene Rechtfertigungen für unsere moralischen Ideale oder für das zwingende Gewicht anderer von uns geliebter Dinge heranzuziehen? Warum sollte die Unverfügbarkeit entscheidender Gründe unser Vertrauen in die Vision vom Leben stören, die durch den Gegenstand unserer Sorge definiert wird, warum sollte sie unsere Bereitschaft hemmen, jenen zu widersprechen, deren Vision des für sie Wichtigen unsere Vision bedroht? Warum sollten wir nicht glücklich für das kämpfen, was wir mit ganzem Herzen lieben, und zwar selbst dann, wenn es keine guten Argumente gibt, die uns zeigen können, dass es richtig ist, eben genau das zu lieben und nicht vielmehr etwas anderes?

13

Bis jetzt habe ich das, was ich »Liebe« nenne, nur im Sinne eines besonderen Modus der Sorge gekennzeichnet. Im nächsten Kapitel will ich versuchen, ausführlicher zu erklären, was ich damit meine. Die Kategorie der Liebe ist natürlich auf berüchtigte Weise schwer zu erhellen.[12] Meine Aufgabe wird aber ganz gut zu bewältigen sein, da ich nicht vorhabe, eine umfassende analytische Beschreibung all der vielfältigen und komplexen Bedingungen zu liefern, auf die der Ausdruck »Liebe« normalerweise bezogen wird. Meine eigene Verwendung des Ausdrucks fällt nur zum Teil zusammen mit diesen Bedingungen und soll sie auch nicht gänzlich abdecken. So muss ich nur jene etwas begrenztere Gruppe von Phänomenen definieren, die besonders eng mit meiner Diskussion verbunden sind. Merkmale, die unter anderen, gewöhnlich ebenfalls mit dem Ausdruck »Liebe« verbundenen Bedingungen wichtig sind und diese Bedingungen vielleicht sogar definieren, bleiben für die von mir diskutierten Phänomene unwesentlich. Deswegen werden sie meiner Beschreibung nicht angehören.

12 Die Aussicht, sie einigermaßen präzise zu identifizieren, erinnert mich an einen eher beunruhigenden Ratschlag, der angeblich von Niels Bohr stammt. Er soll gesagt haben, dass man nie klarer sprechen soll, als man denken kann.

Zweites Kapitel

Über Liebe und ihre Gründe

1

In jüngster Zeit hat sich die Philosophie viel mit dem Problem beschäftigt, ob unser Verhalten ausnahmslos von universalen Moralprinzipien geleitet werden soll, die wir unparteiisch in allen Situationen zur Anwendung bringen, oder ob bestimmte Formen der Begünstigung einzelner Personen gelegentlich vernünftig sein können. Tatsächlich haben wir nicht immer das Gefühl, es sei notwendig oder wichtig für uns, in skrupulöser Weise unparteiisch zu sein. Die Situation ändert sich sofort, wenn unsere Kinder oder unser Land oder diejenigen unserer persönlichen Ambitionen im Spiel sind, die uns besonders nahe gehen. Wir halten es in der Regel für angemessen, und vielleicht sogar für verpflichtend, bestimmte Menschen anderen vorzuziehen, die zwar genauso wertvoll sein mögen, mit denen wir aber in entfernterer Beziehung stehen. In gleicher Weise halten wir es für berechtigt, unsere Ressourcen vorzugsweise in Projekte zu investieren, denen wir uns besonders widmen, und nicht in andere, auch wenn wir durchaus anzuerkennen bereit sind, dass sie an sich verdienstvoller sind. Das Problem, mit dem sich die Philosophen herumgeschlagen haben, kreist weniger um die Bestimmung der Frage, ob Präferenzen dieser Art überhaupt je legitim sind. Eher geht es darum zu erklären, unter welchen Bedingungen und in welcher Weise sie gerechtfertigt werden können.

Ein Beispiel, das in diesem Zusammenhang viel diskutiert worden ist, handelt von einem Mann, der sieht, wie zwei Menschen am Ertrinken sind. Da er nur einen von ihnen retten kann, muss er entscheiden, welchen der beiden er retten will. Den einen kennt er nicht, bei dem anderen handelt es sich um seine Frau. Natürlich fällt es schwer, sich vorzustellen, dass der Mann hier lediglich mit Hilfe eines Münzwurfs Klarheit für sich schafft. Wir neigen vielmehr stark zu der Annahme, dass es wesentlich angemessener wäre, in einer solchen Situation sämtliche Erwägungen der Unparteilichkeit und Fairness beiseite zu legen. Der Mann sollte zweifellos seine Frau retten. Wie aber rechtfertigt er diese Ungleichbehandlung zweier gefährdeter Menschen? Welches akzeptable Prinzip ließe sich heranziehen, um die Entscheidung, den Fremden ertrinken zu lassen, zu legitimieren?

Einer der interessantesten Philosophen der Gegenwart, Bernard Williams, behauptet, der Mann liege schon in dem Augenblick falsch, in dem er meint, er müsse nach einem Prinzip suchen, das ihm den Schluss erlaubt, es sei unter seinen Umständen zulässig, seine Frau zu retten. Statt dessen müsse man hoffen, dass ihn nur der Gedanke bewege, so Williams, »daß es sich um seine Frau handelt«. Wenn der Mann hier noch den zusätzlichen Gedanken hat, es sei unter Umständen wie diesen *zulässig*, seine Frau zu retten, dann, so Williams warnend, hat der Mann schlicht einen »Gedanken zuviel«. Mit anderen Worten, irgendetwas stimmt nicht mit der Vorstellung, der Mann müsse sich im Augenblick des Ertrinkens seiner Frau auf eine allgemeine Regel stützen, die es ihm erlaubt, einen Grund zu gewinnen, der die Entscheidung, sie zu retten, rechtfertigen kann.[1]

1 Bernard Williams, »Persons, Character and Morality«, in: ders., *Moral Luck*, Cambridge 1981, S. 18 [dt.: »Personen, Charakter und Moralität«, in: ders., *Moralischer Zufall. Philosophische Aufsätze 1973-1980*, Königstein/Ts. 1984, S. 27].

2

Ich stehe dem Gedankengang von Williams äußerst positiv gegenüber.[2] Und doch ist das Beispiel, wie er es präsentiert, etwas unscharf geraten. Es kann nicht in der von ihm beabsichtigten Weise funktionieren, wenn es von einem der ertrinkenden Menschen bloß sagt, es handle sich um die Frau des Mannes. Schließlich könnte es sein, dass er sie aus guten Gründen verabscheut oder fürchtet. Wir könnten uns auch vorstellen, dass sie ihn ebenfalls verabscheut und in letzter Zeit mehrmals auf bösartigste Weise versucht hat, ihn umzubringen. Oder es war sowieso nur eine kaltherzig arrangierte Heirat; die beiden haben nie im gleichen Zimmer gelebt, außer während einer flüchtigen zweiminütigen Hochzeitszeremonie vor dreißig Jahren. Beschreibt man nur ein rein rechtliches Verhältnis zwischen dem Mann und der ertrinkenden Frau, dann verfehlt man zweifellos den wesentlichen Punkt.

Legen wir also die Frage nach ihrem zivilen Status beiseite und nehmen stattdessen an, der Mann in dem Beispiel *liebt* einen (und nicht den anderen) der zwei ertrinkenden Menschen, nämlich seine Frau. In dem Fall wäre es ganz gewiss ungereimt, würde er nach einem Grund für ihre Rettung suchen. Wenn er sie wirklich liebt, dann verfügt er notwendigerweise schon über einen solchen Grund: Sie

2 Ich habe allerdings Probleme mit einigen Details. So finde ich es merkwürdig, dass der Mann auch nur einen Gedanken darauf verwendet, es handle sich um seine Frau. Sollen wir annehmen, er habe sie zunächst nicht erkannt? Oder sollen wir annehmen, er habe sich zunächst nicht daran erinnert, dass sie verheiratet sind, um sich diese Tatsache dann noch einmal zu vergegenwärtigen? Mir scheint, die korrekte Zahl der Gedanken, die er hat, ist null. Der normale Fall dürfte sicherlich so aussehen: er sieht, was dort im Wasser passiert, und springt rein, um seine Frau zu retten. Und zwar ohne überhaupt zu denken. Unter den Umständen, die von dem Beispiel erfasst werden, ist jeder Gedanke ein Gedanke zu viel.

ist in Not und braucht seine Hilfe. Allein die Tatsache seiner Liebe zu ihr bedingt, dass er ihre Not als gewichtigen Grund ansieht, ihr zu Hilfe zu eilen und nicht einem anderen, über den er nichts weiß. Das Verlangen des geliebten Menschen nach Hilfe liefert ihm den Grund, ohne dass er zusätzliche Erwägungen berücksichtigen müsste und ohne das Dazwischenschalten allgemeiner Regeln.

Wer in einer solchen Situation mehr braucht, der hätte tatsächlich einen Gedanken zu viel. Erkennt der Mann die Not der von ihm geliebten Frau nicht als Grund an, eher sie als den Fremden zu retten, dann liebt er sie nicht wirklich. Jemanden oder etwas zu lieben *bedeutet* unter anderem ganz wesentlich, seine Interessen als Gründe heranzuziehen, um diesen Interessen zu dienen, ja, es *besteht* ganz wesentlich daraus. Für den Liebenden ist die Liebe eine Quelle von Gründen. Sie schafft die Gründe, die seine Handlungen liebevoller Zuwendung und Hingabe inspirieren.[3]

3

Die Liebe wird häufig auf einer grundlegenden Ebene als Antwort auf den wahrgenommenen Wert des Geliebten gedeutet. Dieser Darstellung nach lieben wir etwas, weil wir davon ausgehen, dass es über einen außergewöhnlichen inneren Wert verfügt. Der Reiz dieses Werts nimmt uns gefangen und verwandelt uns in Liebende. Wir fangen an, die Dinge zu lieben, die wir lieben, weil uns ihr Wert bewegt, um dieses Werts willen setzen wir diese Liebe fort. Wäre das geliebte Wesen in unseren Augen nicht wertvoll, dann liebten wir es nicht.

Es kann schon sein, dass diese Beschreibung auf einige

3 Genauso macht die Liebe die Welt lebendig.

Fälle zutrifft, die gewöhnlich als Liebe identifiziert werden. Und doch ist das Phänomen, an das ich denke, wenn ich hier von Liebe spreche, ein ganz anderes. Meiner Fassung nach ist Liebe nicht notwendig eine Antwort, die auf der Wahrnehmung des inneren Werts ihres Objekts beruht. Manchmal mag sie so entstehen, aber es muss nicht so sein. Die Liebe kann – in kaum verstandener Weise – durch eine Vielfalt natürlicher Ursachen herbeigeführt werden. Es ist durchaus möglich, dass jemand dazu gebracht wird, etwas zu lieben, ohne seinen Wert wahrzunehmen, ohne von diesem Wert beeindruckt zu werden oder sogar trotz der Einsicht, dass es da gar nichts besonders Wertvolles gibt. Es ist sogar möglich, etwas zu lieben, obwohl man eingesehen hat, dass es seiner inneren Natur nach vollkommen schlecht ist. Eine solche Liebe ist zweifellos ein Unglück. Aber sie kommt vor.

Das geliebte Wesen *ist* für den Liebenden ohne Ausnahme wertvoll, das stimmt. Aber die Wahrnehmung dieses Werts ist keine unverzichtbar *bildende* oder *gründende* Bedingung der Liebe. Was den Liebenden zur Liebe bringt, muss nicht der wahrgenommene Wert dessen sein, was er liebt. Die wirklich wesentliche Beziehung zwischen Liebe und dem Wert des Geliebten liegt in der entgegengesetzten Richtung. Wir lieben die Dinge nicht zwangsläufig deshalb, *weil* wir ihren Wert erkennen und uns von ihnen fesseln lassen. Vielmehr *gewinnt* das, was wir lieben, notwendig an Wert für uns, *weil* wir es lieben. Der Liebende nimmt das geliebte Wesen ausnahmslos und notwendig als wertvoll wahr, aber der Wert, der ihm in seinen Augen zukommt, ist ein Wert, der aus seiner Liebe fließt und von ihr abhängt.

Nehmen wir die Liebe der Eltern zu ihren Kindern. Ich kann mit unmissverständlichem Vertrauen sagen, dass ich meine Kinder nicht deswegen liebe, weil ich mir eines Werts bewusst bin, der ihnen unabhängig von meiner Liebe zu ihnen innewohnt. Vielmehr habe ich sie sogar schon geliebt, bevor sie auch nur geboren waren – bevor ich also irgendwelche relevanten Informationen über ihre persönlichen Eigenschaften oder ihre besonderen Verdienste und Tugenden hatte. Mehr noch, ich glaube nicht, dass mir die wertvollen Eigenschaften, über die sie tatsächlich verfügen, an sich betrachtet zwingende Gründe an die Hand geben, um ihnen einen größeren Wert zu verleihen als all den anderen möglichen Objekten der Liebe, die ich tatsächlich viel weniger liebe. Mir ist klar, dass ich sie nicht deswegen mehr liebe als andere Kinder, weil ich sie für besser halte.

Gelegentlich sagen wir von Menschen oder Dingen, sie seien unserer Liebe »unwürdig«. Vielleicht meinen wir damit, dass die Kosten, die unsere Liebe zu ihnen aufwirft, größer sind als die Gewinne, die uns aus ihr entstehen; oder wir meinen, die Liebe zu diesen Dingen wäre in irgendeiner Weise entwürdigend. Wie auch immer, wenn ich mich frage, ob meine Kinder meiner Liebe würdig sind, dann neige ich vom Gefühl her dazu, diese Frage als fehlgeleitet zu betrachten. Und das nicht, weil offensichtlich ist, dass meine Kinder wertvoll *sind*, sondern weil meine Liebe zu ihnen überhaupt keine Antwort auf eine Bewertung von ihnen ist und auch die Konsequenzen, die diese Liebe für mich hat, nicht bewertet. Zeigt sich, dass meine Kinder absolut bösartig sind oder dass meine Liebe zu ihnen meine Hoffnung auf ein anständiges Leben bedroht, dann erkenne ich vielleicht das Bedauernswerte dieser Liebe. Aber selbst wenn ich das irgendwann vollständig eingesehen habe, werde ich sie, so vermute ich, weiter lieben.

Nicht also, weil mir ihr Wert aufgefallen wäre, liebe ich meine Kinder so, wie ich es tue. Sicher, ich nehme einen Wert an ihnen wahr; ja, wenn es nach mir ginge, würde ich sagen, ihr Wert sei ohne jedes Maß. Aber das ist nicht die Basis meiner Liebe. In Wirklichkeit verhält es sich genau andersherum. Der besondere Wert, den ich ihnen zuspreche, wohnt ihnen nicht inne, sondern hängt von meiner

Liebe zu ihnen ab. Der Grund, weswegen sie für mich so wertvoll sind, ist schlicht, dass ich sie so sehr liebe. Dass Menschen im Allgemeinen ihre Kinder lieben, lässt sich vermutlich unter Rückgriff auf den evolutionären Druck der natürlichen Selektion erklären. In jedem Fall nehmen sie *auf der Grundlage* meiner Liebe zu ihnen einen Wert für mich an, den sie sonst ganz gewiss nicht besäßen.

Diese Beziehung zwischen der Liebe und dem Wert des geliebten Wesens – dass nämlich Liebe nicht notwendigerweise im Wert des geliebten Wesens gründet, dieses Wesen aber in jedem Fall für den Liebenden wertvoll macht – gilt nicht nur für elterliche Liebe, sondern ganz allgemein.[4] Am gewichtigsten ist die Liebe wohl dort, wo an ihr der Wert hängt, den das Leben selbst für uns hat. Normalerweise hat das Leben für uns einen Wert, dessen gebieterische Autorität wir akzeptieren. Mehr noch, der Wert, den das Leben für uns hat, strahlt weit aus. Er beeinflusst auf radikale Weise den Wert, den wir vielen anderen Dingen zuerkennen. Er ist ein mächtiger – umfassend begründender – Schöpfer von Werten. Es gibt zahllose Dinge, die uns allein aufgrund der Art und Weise, in der sie etwas mit unserem Interesse am Überleben zu tun haben, sehr am Herzen liegen und uns deswegen sehr wichtig sind.

4 Es gibt einige Objekte der Liebe – bestimmte Ideale zum Beispiel –, die häufig, so scheint es zumindest, auf der Basis ihres Werts geliebt werden. Es ist aber nicht notwendig, dass die Liebe zu einem Ideal auf diese Weise entsteht oder begründet wird. Man kann schließlich Gerechtigkeit, Wahrheit oder moralische Aufrichtigkeit recht blind lieben, weil es einem schlicht so beigebracht worden ist. Darüber hinaus spielen Werterwägungen normalerweise keine Rolle, wenn eine Person dazu kommt, sich selbstlos eher dem einen Ideal oder Wert als dem anderen zu widmen. Was eine Person dazu bringt, sich eher um Wahrheit zu kümmern als um Gerechtigkeit, eher um Schönheit als um Moral oder eher um die eine Religion als um die andere, ist im Allgemeinen nicht die vorgängige Würdigung der Tatsache, dass das, was sie liebt, einen größeren intrinsischen Wert besitzt als das, was ihr nicht so wichtig ist.

Warum behandeln wir Selbsterhaltung auf so natürliche Weise, und mit einer so unbefragten Gewissheit, als absolut zwingenden und legitimen Grund, bestimmte Handlungen zu verfolgen? Wir zeichnen das Am-Leben-Bleiben sicherlich nicht deswegen mit einer so überwältigenden Wichtigkeit aus, weil wir glauben, dass unserem Leben oder dem, was wir daraus machen, ein innerer Wert zukommt – ein Wert, der unabhängig von unseren eigenen Einstellungen und Dispositionen wäre. Selbst wenn wir eine ziemlich gute Meinung von uns selbst haben und annehmen, dass unser Leben tatsächlich auf eine solche Weise wertvoll ist, ist das normalerweise nicht der Grund, warum wir so bestimmt an ihm festhalten. Wir behandeln die Tatsache, dass eine bestimmte Handlungsweise unserem Überleben zuträglich ist, als Grund dafür, sie einzuschlagen, und zwar schlicht deshalb, weil wir, vermutlich erneut dank der natürlichen Selektion, von Geburt an dazu disponiert sind, das Leben zu lieben.

4

Ich will nun versuchen zu erklären, was ich im Sinn habe, wenn hier von Liebe die Rede ist.

Das Objekt der Liebe ist häufig ein konkretes Individuum, zum Beispiel eine Person oder ein Land. Es kann aber auch abstrakter sein, zum Beispiel eine Tradition oder ein moralisches oder nichtmoralisches Ideal. Ist das geliebte Wesen ein Individuum, dann besitzt die Liebe häufig mehr emotionale Farbe und Dringlichkeit, als wenn es sich um so etwas wie soziale Gerechtigkeit oder wissenschaftliche Wahrheit oder die Art und Weise, in der eine bestimmte Familie oder kulturelle Gruppe die Dinge verrichtet, handelt. Das ist allerdings nicht immer der Fall. Jedenfalls gehört es nicht zu den definierenden Eigenschaften der Liebe, dass sie eher »heiß« als »kalt« sein muss.

Eine hervorgehobene Eigenschaft der Liebe kreist um den besonderen Status des Werts, den sie ihren Objekten zuerkennt. In dem Maße, in dem wir uns überhaupt um etwas sorgen, sprechen wir ihm Wichtigkeit für uns selbst zu; aber wir könnten davon ausgehen, dass es diese Wichtigkeit nur besitzt, weil wir meinen, es sei Mittel für etwas anderes. Wenn wir etwas lieben, gehen wir jedoch weiter. Wir sorgen uns darum nicht bloß als Mittel, sondern als Zweck. Es liegt in der Natur der Liebe, dass wir ihren Objekten einen Wert an sich zusprechen, so dass sie uns auch um ihrer selbst willen wichtig sind.

Die Liebe ist vor allem eine *interessefreie* Sorge um die Existenz dessen, was geliebt wird, um das, was gut für es ist. Der Liebende wünscht, dass das geliebte Wesen aufblüht und ohne Schaden bleibt, und zwar nicht, um damit einen anderen Zweck zu unterstützen. Jemand kann sich um soziale Gerechtigkeit sorgen, weil dadurch die Wahrscheinlichkeit von Unruhen verringert wird; jemand kann sich um die Gesundheit einer anderen Person sorgen, weil diese Person nur dann nützlich ist, wenn sie in guter gesundheitlicher Verfassung ist. Für den Liebenden sind die Umstände, unter denen sich das geliebte Wesen befindet, allein an sich selbst wichtig, unabhängig davon, wie sie mit anderen Dingen zusammenhängen.

Die Liebe kann starke Gefühle der Anziehung beinhalten, die der Liebende mit schmeichelhaften Beschreibungen des geliebten Wesens bekräftigt und rationalisiert. Darüber hinaus erfreuen sich die Liebenden häufig an der Gegenwart des geliebten Wesens, genießen verschiedene Formen des intimen Kontakts zu ihm und sehnen sich nach Reziprozität. Dieser Enthusiasmus ist nicht wesentlich. Auch ist es nicht wesentlich, dass eine Person mag, was sie liebt. Sie kann es sogar widerlich finden. Wie bei anderen Modi der

Sorge geht es im Wesentlichen nicht um Affektives oder Kognitives. Es geht um Volitionales. Etwas zu lieben hat weniger mit dem zu tun, was eine Person glaubt oder fühlt, als mit einer Konfiguration des Willens, der es um die praktische Sorge geht, was für das geliebte Wesen gut ist. Diese volitionale Konfiguration prägt die Dispositionen und das Verhalten des Liebenden mit Blick auf das geliebte Wesen, indem es ihm beim Aufbau und bei der Ordnung der für ihn relevanten Absichten und Prioritäten leitet.

Es ist wichtig, die Liebe – so wie ich sie hier definiere – nicht mit Vernarrtheit, Lust, Besessenheit, Besitzdrang und Abhängigkeit in ihren verschiedenen Formen zu verwechseln. Vor allem Beziehungen, die im Wesentlichen romantisch oder sexuell sind, bieten meiner Verwendung nach keine sehr authentischen oder erhellenden Paradigmen der Liebe. Beziehungen dieser Art sind in der Regel mit einer Reihe extrem irritierender Elemente verbunden, die nicht zur wesentlichen Natur der Liebe als einem Modus interessefreier Sorge gehören; sie sind vielmehr so verwirrend, dass es nahezu unmöglich ist, sich darüber klar zu werden, was genau hier passiert. Mit Blick auf Beziehungen zwischen Menschen ist die Liebe von Eltern zu ihren Säuglingen oder kleinen Kindern die Sorge, die einem erkennbar reinen Fall von Liebe am nächsten kommt.

Es gibt bestimmte Formen der Sorge um andere, die ebenfalls ganz und gar interessefrei sein können, sich aber von Liebe unterscheiden, weil sie unpersönlich sind. Jemand, der Kranken oder Armen um ihrer selbst willen hilft, mag der Besonderheit derjenigen, denen seine Hilfe gilt, relativ gleichgültig gegenüberstehen. Was Menschen qualifiziert, in den Genuss seiner wohltätigen Sorge zu gelangen, ist nicht seine Liebe zu ihnen. Die ihnen entgegengebrachte Großzügigkeit ist keine Antwort auf ihre Identität als Individuen; sie wird nicht durch ihre persönlichen Eigenschaften hervorgerufen. Sie wird lediglich durch die Tatsache geweckt, dass sie die Person, die sich sorgt, als Glieder einer relevanten Klasse betrachtet. Wer darauf aus ist, Kranken oder Armen zu helfen, für den zählt jeder Kranke oder Arme.

Mit Blick auf das, was wir lieben, kommt eine solche Gleichgültigkeit gegenüber der Besonderheit des Gegenstands jedoch nicht in Frage. Für den Liebenden ist das, was er liebt, nicht als Fall oder Exemplar bedeutsam. Die Wichtigkeit des geliebten Wesens ist nicht generisch, sondern unausweichlich besonders. Für jemanden, der den Kranken oder Armen helfen will, wäre es dagegen absolut sinnvoll, die Empfänger seiner Hilfe willkürlich unter jenen auszusuchen, die krank oder arm genug sind, um für diese Hilfe in Betracht zu kommen. Es ist nicht so wichtig, wer die bedürftigen Personen im Besonderen sind. Da er sich nicht wirklich um irgendjemanden unter ihnen als solches sorgt, ist es akzeptabel, sie durch einander zu ersetzen. Dem Liebenden stellt sich die Situation ganz anders dar. Es gibt keinen gleichwertigen Ersatz für das geliebte Wesen. Wird jemand von Wohltätigkeit getrieben, muss er nicht unterscheiden, ob er dieser bedürftigen Person hilft oder jener. Dem Liebenden aber kann es nicht gleichgültig sein, ob er sich interessefrei diesem geliebten Wesen zuwendet oder – egal wie ähnlich es sein mag – einem anderen.

Schließlich gehört es notwendig zur Liebe dazu, dass sie nicht unserer direkten oder unmittelbaren willentlichen Kontrolle untersteht. Worum sich eine Person sorgt und in welchem Maße sie das tut, das mag unter bestimmten Umständen ihr selbst überlassen sein. Gelegentlich ist es möglich, selbst dazu beizutragen, dass man sich um etwas sorgt oder nicht sorgt, indem man sich schlicht so oder so entscheidet. Ob die Notwendigkeit, diese Sache zu schützen und zu unterstützen, akzeptable Handlungsgründe liefert und wie gewichtig diese Gründe sind, das hängt in solchen Fällen daran, wofür man sich entscheidet. Mit Blick auf andere Dinge aber entdeckt man, dass man nicht allein mit seiner Entscheidung beeinflussen kann, ob und in welchem Maße man sich darum sorgt. Man hat die Sache nicht in der Hand.

So kann man unter normalen Umständen gar nicht anders, als sich stark um das eigene Weiterleben zu sorgen, um die eigene physische Integrität, darum, nicht vollständig isoliert zu sein, um das Vermeiden chronischer Frustration etc. Hier gibt es wirklich keine Wahl. Das Abwägen von Gründen, das Urteilen und Entscheiden ändert nichts. Selbst wenn man es für eine gute Idee hielte, sich nicht länger um Kontakt zu anderen Menschen, um das Verfolgen seiner Absichten oder um sein Leben und seine körperliche Unversehrtheit zu sorgen, wäre man nicht in der Lage, damit aufzuhören. Man würde nur merken, dass man, unabhängig davon, was man gedacht und entschieden hat, immer noch dazu neigt, sich selbst vor extremer körperlicher und psychischer Belastung und Schädigung zu schützen. In Fällen wie diesen sind wir einer Notwendigkeit unterworfen, die den Willen mit großer Macht einschränkt und der wir nicht durch eine schlichte Wahl oder Entscheidung entgehen können.[5]

5 Sorgte sich jemand unter gewöhnlichen Umständen gar nicht darum zu sterben, verstümmelt zu werden oder allen menschlichen Kontakt zu verlieren, würden wir das nicht einfach als einen atypischen Fall betrachten. Wir hielten ihn für verwirrt. Es gibt in diesen Einstellungen im strengen Sinne keine logischen Inkonsistenzen, aber sie gelten trotzdem als irrational, da sie eine definierende Bedingung des Menschseins verletzen. Es gibt einen Sinn von Rationalität, der sehr wenig mit Konsistenz oder formalen Erwägungen zu tun hat. Stellen wir uns etwa jemanden vor, der absichtlich und ohne Grund Tod oder großes Leiden verursacht oder (ein Beispiel von Hume) die Vernichtung vieler Menschen anstrebt, um ein kleines Leiden an einem seiner Finger zu vermeiden. Wer in der Lage wäre, so etwas zu tun, würde ganz selbstverständlich – selbst wenn er keine logischen Fehler gemacht hat – als »verrückt« gelten. Man würde, mit anderen Worten, davon ausgehen, dass ihm Vernunft fehlt. Wir sind es gewohnt, Rationalität

Die Notwendigkeit, die einen in Fällen wie diesen bindet, ist keine durch die Zwänge der Vernunft hervorgerufene kognitive Notwendigkeit. Alternativen werden durch sie nicht, wie bei logischen Notwendigkeiten, ausgeschlossen, indem der Bereich des kohärenten Denkens eingegrenzt wird. Wenn wir einsehen, dass eine Proposition sich selbst widerspricht, dann ist es unmöglich für uns, ihr zu glauben; in gleicher Weise müssen wir eine Proposition akzeptieren, wenn wir einsehen, dass ihre Verneinung auf die Annahme eines Widerspruchs hinausliefe. Kann man dagegen nicht anders, als sich um etwas zu sorgen, dann liegt das nicht an Vorschriften der Logik. Wir haben es hier in erster Linie nicht mit einer Nötigung unseres Überzeugungsapparats zu tun, sondern mit einer volitionalen Notwendigkeit, die im Wesentlichen aus einer Begrenzung des Willens besteht.

Es gibt gewisse Dinge, die die Menschen nicht tun können – obgleich sie über die entscheidenden natürlichen Fähigkeiten oder Talente verfügen –, weil sie ihren Willen nicht dazu bringen können, sie zu tun. Das Lieben wird durch eine solche Notwendigkeit umgrenzt; was wir lieben und was wir nicht lieben, liegt nicht in unserer Hand. Die für die Liebe charakteristische Notwendigkeit beschränkt die Bewegungen des Willens nun allerdings nicht durch ein mächtiges, den Willen besiegendes und unterdrückendes Anschwellen von Leidenschaft oder Drang. Im Gegenteil, die Nötigung kommt aus der Mitte unseres eigenen Willens. Wir werden durch unseren eigenen Willen und nicht durch eine externe oder fremde Kraft genötigt. Wer von einer volitionalen Notwendigkeit gebunden wird, sieht sich

mit dem Ausschluss von Widerspruch und Inkohärenz gleichzusetzen, so dass sie die Grenzen des für uns Denkbaren absteckt. Es gibt aber einen Sinn von Rationalität, der die Grenzen dessen absteckt, was wir zu tun oder zu akzeptieren gedenken. In der einen Perspektive besteht die Alternative zur Vernunft in dem, was wir für unfassbar halten, in der anderen in dem, was wir für undenkbar halten.

nicht in der Lage, eine genaue und effektive Intention auszubilden – warum auch immer er das tun möchte –, die nötig wäre, um eine anstehende Handlung auszuführen (oder nicht auszuführen). Versucht er, die Handlung auszuführen, dann entdeckt er, dass er es schlicht nicht über sich bringt, den Versuch zu Ende zu führen.

Die Liebe kommt in Graden. Manche Dinge lieben wir mehr als andere. Dementsprechend ist die Notwendigkeit, die die Liebe dem Willen auferlegt, kaum je absolut. Wir können etwas lieben und ihm trotzdem Schaden zufügen, weil wir etwas anderes schützen wollen, das wir mehr lieben. Jemand kann es also unter bestimmten Bedingungen durchaus für möglich halten, eine Handlung auszuführen, die er unter anderen Bedingungen unmöglich ausführen könnte. Opfert jemand beispielsweise sein Leben, weil er meint, dadurch sein Land vor katastrophalem Schaden zu bewahren, offenbart er auf diese Weise nicht, dass er das Leben nicht liebt; auch zeigt dieses Opfer nicht, dass er den Tod auch dann noch gerne akzeptiert hätte, wenn seiner Ansicht nach der Gewinn geringer ausgefallen wäre. Selbst von Menschen, die Selbstmord begehen, weil sie sich elend fühlen, gilt grosso modo, dass sie das Leben lieben. Schließlich wollen sie in Wahrheit ihr Elend loswerden und nicht ihr Leben.

5

Philosophen hegen die wiederkehrende Hoffnung, es gäbe bestimmte letzte Zwecke, deren bedingungslose Annahme sich in irgendeiner Form auf Forderungen der Vernunft zurückführen ließe. Doch das ist eine Schimäre.[6] Es gibt

6 Manche Philosophen glauben, dass sich die letzte Bewährung für moralische Prinzipien in der Vernunft ansiedeln lässt. Moralische

keine Nötigungen der Logik oder der Rationalität, die uns vorschreiben, was wir lieben sollen. Was wir lieben, wird durch die allgemeinen Erfordernisse des menschlichen Lebens geformt, in Verbindung mit jenen Bedürfnissen und Interessen, die auf speziellere Weise von den Eigenschaften des individuellen Charakters und der individuellen Erfahrung herrühren. Ob etwas zum Objekt unserer Liebe werden soll, lässt sich nicht definitiv mit Hilfe einer apriorischen Methode oder einer Untersuchung der genau diesem Objekt innewohnenden Eigenschaften beurteilen. Es lässt sich nur im Lichte der Forderungen bemessen, die andere von uns geliebte Dinge an uns ergehen lassen. Am Ende werden diese Forderungen durch biologische und sonstige natürliche Umstände bestimmt, Umstände, auf die wir nicht gerade einen großen Einfluss haben.[7]

Die Quellen der Normativität liegen folglich weder in den vorübergehenden Anfeuerungen persönlicher Gefühle

Vorschriften besitzen in ihren Augen genau deswegen eine zwingende Autorität, weil sie Bedingungen der Rationalität selbst artikulieren. Das kann nicht richtig sein. Die Art von Missbilligung, die an moralischen Überschreitungen haftet, unterscheidet sich ziemlich stark von der Art von Missbilligung, die auf einer Missachtung der Forderungen der Vernunft beruht. Unsere Reaktion auf Menschen, die unmoralisch agieren, ist ganz und gar nicht die gleiche wie unsere Reaktion auf Menschen, deren Denken unlogisch ist. Die Ermahnung zur Moral wird offensichtlich von etwas anderem gestützt als von der Wichtigkeit, vernünftig zu sein. Ich diskutiere das in »Rationalism in Ethics«, in: M. Betzler und B. Guckes (Hg.), *Autonomes Handeln. Beiträge zur Philosophie von Harry G. Frankfurt*, Berlin 2000.

7 Es ist durchaus vernünftig, darauf zu insistieren, dass die Menschen sich um bestimmte Dinge sorgen *sollten*, um die sie sich de facto nicht sorgen; das gilt aber nur dann, wenn man etwas über die Dinge weiß, um die sie sich *tatsächlich* sorgen. Wenn wir etwa annehmen, dass den Menschen ein sicheres und zufrieden stellendes Leben wichtig ist, dann können wir berechtigterweise versuchen, darauf zu achten, dass ihnen die Dinge wichtig sind, von denen wir meinen, sie seien zum Erreichen von Sicherheit und Zufriedenheit nötig. Nur so lässt sich eine »rationale« Basis für die Moral entwickeln.

oder Wünsche noch in den streng anonymen Forderungen einer ewigen Vernunft. Sie liegen in den kontingenten Notwendigkeiten der Liebe. Diese treiben uns auf eine Weise an, wie das auch Gefühle und Wünsche tun; aber die Motivationen, die die Liebe hervorbringt, sind nicht bloß zufällig oder (um Kants Terminus zu verwenden) heteronom. Vielmehr drücken sie, wie die universalen Gesetze der reinen Vernunft, etwas aus, was zu unserer innersten und grundlegendsten Natur gehört. Anders als die Notwendigkeiten der Vernunft sind die der Liebe aber nicht unpersönlich. Sie bestehen aus und sind eingebettet in Strukturen des Willens, durch die die spezifische Identität des Individuums in besonderer Weise definiert wird.

Natürlich ist die Liebe oft instabil. Wie jeder natürliche Umstand ist sie allen möglichen Wechselfällen ausgeliefert. Alternativen sind immer denkbar und manch eine von ihnen mag attraktiv sein. Wir sind grundsätzlich in der Lage, uns vorzustellen, andere Dinge zu lieben als die, die wir lieben, und können uns fragen, ob dieser andere Zustand nicht vorzugswürdig wäre. Die Möglichkeit überlegener Alternativen impliziert aber nicht, dass unser Verhalten auf unverantwortliche Weise willkürlich ist, wenn wir entschlossen die letzten Zwecke aufnehmen und verfolgen, die uns durch unsere Liebe gesetzt werden. Diese Zwecke werden nicht durch niedere Impulse oder willkürliche Annahmen gesetzt; auch werden sie nicht durch das bestimmt, was wir zu einem beliebigen Zeitpunkt anziehend finden oder zu wollen entscheiden. Die volitionale Notwendigkeit, die uns in unserer Liebe nötigt, kann persönlicher Neigung oder Wahl genauso unnachgiebig gegenübertreten wie die strengeren Notwendigkeiten der Vernunft. Was wir lieben, liegt nicht in unseren Händen. Wir können nicht darüber verfügen, dass die Richtung unserer praktischen Vernunft tatsächlich durch die besonderen letzten Zwecke bestimmt wird, die unsere Liebe für uns definiert. Es wäre unfair, uns verwerfliche Willkür oder absichtliche Vernachlässigung von Objektivität vorzuwerfen, denn diese Dinge unterliegen überhaupt nicht unserer unmittelbaren Kontrolle.

Sicher, es mag gelegentlich in unserer Macht stehen, sie indirekt zu kontrollieren. Wir sind manchmal in der Lage, Bedingungen zu schaffen, die uns dazu bringen können, das, was wir lieben, nicht länger zu lieben oder stattdessen anderes zu lieben. Aber nehmen wir an, unsere Liebe ist so entschlossen und hat uns auf so befriedigende Weise im Griff, dass wir uns selbst dann nicht dazu bringen könnten, ihr einen anderen Lauf zu geben, wenn wir über die Mittel verfügten, ihr einen anderen Lauf zu geben. In diesem Fall ist die Alternative keine echte Option. Ob es besser für uns wäre, anders zu lieben, ist dann eine Frage, die wir nicht ernst nehmen können. Für uns stellt sich diese Frage in praktischer Hinsicht faktisch nicht.

6

Am Ende beruht unsere Bereitschaft, mit dem zufrieden zu sein, was wir tatsächlich lieben, nicht auf der Verlässlichkeit von Argumenten oder Evidenzen. Sie beruht auf einem Vertrauen zu uns selbst. Dabei geht es nicht um eine Zufriedenheit mit der Reichweite und Zuverlässigkeit unserer kognitiven Vermögen oder um den Glauben, unsere Informationen seien ausreichend. Es geht vielmehr um ein Vertrauen, das grundlegender und persönlicher ist. Die unzweideutige Akzeptanz unserer Liebe und die Stabilität unserer letzten Zwecke werden durch das Vertrauen sichergestellt, das wir den bestimmenden Tendenzen und Reaktionen unseres eigenen volitionalen Charakters entgegenbringen.

Unsere Liebe setzt sich aus diesen nicht-willentlichen

Tendenzen und Reaktionen zusammen, sie sind es, die unser Lieben bewegen. Es sind darüber hinaus genau diese Konfigurationen des Willens, die unsere individuelle Identität am vollständigsten ausdrücken und definieren. Die Notwendigkeiten des Willens einer Person leiten und begrenzen ihr Handlungsvermögen. Diese Notwendigkeiten bestimmen, was sie zu tun willens ist, was sie glaubt, tun zu müssen, und was zu tun sie nicht über sich bringt. Sie bestimmen auch, was sie bereitwillig als einen Handlungsgrund akzeptieren wird, was sie glaubt, als einen Handlungsgrund betrachten zu müssen, und was sie nicht als einen Grund zum Handeln ansehen kann. Auf diese Weise legen sie die Grenzen ihres praktischen Lebens fest und fixieren so ihren Charakter als aktives Wesen. Jede Furcht und Unsicherheit, die die Person aufgrund der Anerkennung dessen, was sie zu lieben genötigt ist, empfindet, zielt also mitten hinein in ihre Einstellung zu ihrem eigenen Charakter als Person. Eine solche Störung ist symptomatisch für den Mangel an Vertrauen zu dem, was sie selbst ist.

Die psychische Integrität, die Selbstvertrauen konstituiert, kann unter dem Druck ungelöster Diskrepanzen und Konflikte zwischen den verschiedenen von uns geliebten Dingen zerbrechen. Störungen dieser Art unterminieren die Einheit des Willens und entfremden uns von uns selbst. Treten im Rahmen dessen, was wir lieben, Gegensätze auf, dann sehen wir uns Forderungen unterworfen, die zugleich bedingungslos und unvereinbar sind. Dadurch wird es unmöglich für uns, einen regelmäßigen volitionalen Kurs zu entwerfen. Kollidiert unsere Liebe zu einem Ding unausweichlich mit unserer Liebe zu einem anderen, dann kann es sehr leicht passieren, dass wir nicht mehr in der Lage sind, uns so, wie wir sind, zu akzeptieren.

Gelegentlich gibt es aber auch gar keinen echten Konflikt zwischen den Motivationen, die uns durch unsere jeweilige Liebe auferlegt werden, so dass es keine Quelle, keinen Ort in uns gibt, der einer von ihnen entgegenstehen könnte. Ist das der Fall, dann gibt es keine Basis, um den durch unser Lieben freigesetzten Motivationen nur ungewiss oder zögerlich nachzugeben. Nichts von dem, was uns sonst wichtig oder was sonst von vergleichbarem Gewicht ist, liefert uns einen Grund des Zögerns oder Zweifelns. So wären wir auch nur unter Rückgriff auf ein spontan ersonnenes Manöver in der Lage, absichtsvoll den Forderungen der Liebe zu widerstehen. Das *wäre* dann in der Tat willkürlich. Andererseits kann es für eine Person auch nicht auf unzulässige Weise willkürlich sein, wenn sie den Impuls einer Liebe, über die sie gut informiert ist, annimmt, der in Kohärenz zu anderen Forderungen ihres Willens steht, denn sie hat schlicht keinen einschlägigen Grund, um diesen Impuls abzulehnen.

7

Das, was wir lieben, ist notwendigerweise wichtig für uns, weil wir es lieben. Es gibt hier allerdings auch noch einen anderen Punkt. Das Lieben selbst ist wichtig für uns. Ganz unabhängig von unserem besonderen Interesse an den verschiedenen Gegenständen unserer Liebe haben wir ein allgemeineres und sogar grundlegenderes Interesse am Lieben an sich.

Ein klares und vertrautes Beispiel liefert die elterliche Liebe. Nicht nur sind mir *meine Kinder* um ihrer selbst willen wichtig; es kommt hinzu, dass mir das *Lieben meiner Kinder* um *seiner* selbst willen wichtig ist. Wie immer die Belastungen und Anstrengungen aussehen mögen, die mir die Liebe zu ihnen im Laufe der Zeit bringt, mein Leben hat sich merklich verändert und verbessert, nachdem ich anfing, sie zu lieben. Die Menschen kriegen unter anderem deswegen Kinder, weil sie erwarten, dass sich so ihr Leben bereichert, und zwar schlicht deshalb, weil sie auf diese Weise mehr zu lieben bekommen.

Warum ist es so wichtig für uns zu lieben? Warum ist ein Leben, in dem jemand etwas liebt – egal, was es ist –, unter sonst gleichen Umständen besser für ihn als ein Leben, in dem er nichts lieben kann? Ein Teil der Erklärung hat damit zu tun, wie wichtig es für uns ist, über Endzwecke zu verfügen. Wir brauchen Ziele, von denen wir glauben, es lohne sich einzig um ihrer selbst und nicht um anderer Dinge willen, sie zu erreichen.

In dem Maße, in dem uns an etwas liegt, werden uns zahlreiche Dinge wichtig – die Dinge nämlich, an denen uns etwas liegt, und all die Mittel, die nötig sind, um sie zu erreichen. So werden wir mit Zielen und Absichten versorgt, so können wir Handlungsverläufe festlegen, die nicht gänzlich sinnlos sind. Die Tatsache, dass uns an etwas liegt, versetzt uns, mit anderen Worten, in die Lage, ein Handeln zu denken, das Bedeutung an sich trägt, und zwar in dem eher minimalen Sinne eines Handelns, das einen Zweck hat. Gleichwohl kann ein Handeln, das nur in diesem sehr begrenzten Sinne bedeutungsvoll ist, nicht vollständig zufrieden stellen. Ja, es wird uns nicht einmal ganz und gar verständlich sein.

Aristoteles bemerkt, unser Streben sei »leer« und »sinnlos«, wenn es nicht »ein Endziel gibt, das wir um seiner selbst willen erstreben«.[8] Es genügt uns nicht, uns einfach nur vor Augen zu führen, wie wichtig es ist, ein bestimmtes Ziel erreichen, wenn dadurch nur das Erreichen eines

8 *Nikomachische Ethik* 1094a [zitiert nach der von Franz Dirlmeier übersetzten und kommentierten Ausgabe, Berlin 1983, S. 5]. Aristoteles nahm offensichtlich an, es müsse ein einziges Endziel geben, auf das alles, was wir tun, gerichtet ist. Ich möchte hier nur die bescheidenere Ansicht vertreten, dass alles, was wir tun, irgendein Endziel haben muss.

anderen Ziels erleichtert wird. Das, was wir tun, bleibt uns undurchsichtig, wenn alle unsere Ziele nur in dem Maße wichtig sind, in dem sie es uns ermöglichen, andere Ziele zu erreichen. Es muss ein Endziel geben, »das wir um seiner selbst willen erstreben«. Sonst wird unser Handeln, mit wie viel Absicht es auch immer verfolgt wird, keinen echten Sinn besitzen. Es kann uns nie ernsthaft zufrieden stellen, weil es immer unbeendet bleiben wird. Da alles, worauf unser Handeln zielt, stets vorläufig und vorbereitend sein wird, bleiben wir immer kurz vor der Vollendung stehen. Unsere Handlungen werden uns wahrhaft leer und belanglos erscheinen, wir werden das Interesse an dem, was wir tun, verlieren.

8

Es ist eine interessante Frage, warum ein Leben, das zwar lokal zweckvolles Handeln aufweist, gleichwohl aber von einer grundlegenden Ziellosigkeit gekennzeichnet ist – man ist ausgestattet mit unmittelbaren Zielen, aber ohne Endzweck –, als wenig wünschenswert eingestuft werden sollte. Was wäre denn notwendigerweise so schlimm an einem in diesem Sinne der Bedeutung beraubten Leben? Die Antwort ist, so denke ich, dass wir ohne Endzwecke nichts als Zweck oder als Mittel wirklich wichtig finden würden. Was immer uns wichtig wäre, würde von der Wichtigkeit anderer Dinge abhängen. Nichts läge uns wirklich unzweideutig und bedingungslos am Herzen.

In dem Maße, in dem uns das auffiele, würden wir erkennen, dass unsere volitionalen Neigungen und Dispositionen in umfassender Weise unabgeschlossen sind. Es wäre dann unmöglich für uns, uns gewissenhaft und verantwortlich am Planen des Kurses zu beteiligen, den unsere Intentionen und Entscheidungen nehmen sollen. Wir hätten kein gefestigtes Interesse am Entwerfen und Aufrechterhalten einer besonderen Kontinuität der Konfigurationen unseres Willens. Ein wesentlicher, unseren besonderen Charakter als Mensch bestimmender Aspekt der reflexiven Verbindung zu uns selbst wäre so zerstört. Unser Leben wäre passiv, fragmentiert und drastisch beschränkt. Selbst wenn es uns gelänge, den mageren Rest eines aktiven Selbstbilds aufrechtzuerhalten, wären wir schrecklich gelangweilt.

Langeweile ist eine wichtige Angelegenheit. Es handelt sich bei ihr nicht um einen Zustand, dem wir ausweichen, weil er uns keinen Spaß macht. Tatsächlich ist das Vermeiden von Langeweile ein tiefes und zwingendes menschliches Bedürfnis. Unsere Abneigung gegenüber der Langeweile besitzt erheblich größere Bedeutung als das bloße Zögern, einem Bewusstseinszustand ausgesetzt zu sein, der mehr oder weniger unangenehm ist. Diese Abneigung entspringt unserem Gespür für eine ungleich gewichtigere Bedrohung.

Das Wesen der Langeweile besteht darin, dass wir kein Interesse an den Dingen haben, die vor sich gehen. Nichts davon geht uns nahe; nichts davon ist uns wichtig. Als natürliche Konsequenz dieses Zustands nimmt unsere Motivation, zweckorientiert zu bleiben, ab; zugleich sehen wir uns einer damit korrespondierenden Schwächung psychischer Vitalität ausgesetzt. In ihren charakteristischsten und bekanntesten Erscheinungsweisen impliziert die Langeweile eine radikale Reduktion der Schärfe und Festigkeit unserer Aufmerksamkeit. Das Niveau unserer mentalen Energie und Aktivität senkt sich ab. Unsere Reaktionen auf gewöhnliche Stimuli verflachen und gehen zurück. Im Horizont unserer Aufmerksamkeit hören wir auf, Unterschiede zu bemerken und Unterscheidungen zu treffen. So wird unser bewusstes Feld immer homogener. In dem Maße, in dem sich die Langeweile ausdehnt und in dem sie überhand nimmt, zieht sie eine fortschreitende Verringerung wichtiger Differenzierungsleistungen des Bewusstseins nach sich.

Im äußersten Fall, wenn das Bewusstseinsfeld vollständig undifferenziert geworden ist, hört jede Form psychischer Bewegung oder Veränderung auf. Die komplette Homogenisierung des Bewusstseins läuft auf ein totales Ende bewusster Erfahrung hinaus. Mit anderen Worten, wenn wir gelangweilt sind, neigen wir zum Einschlafen.

Jede substantielle Vergrößerung des Ausmaßes unserer Langeweile bedroht die Kontinuität des bewussten mentalen Lebens. Unsere Präferenz, Langeweile zu vermeiden, offenbart dementsprechend nicht bloß eine oberflächliche Abneigung gegenüber einem mehr oder weniger ungefährlichen Unbehagen. Sie verleiht einem ziemlich primitiven Bedürfnis nach psychischem Überleben Ausdruck. Ich glaube, es ist angemessen, diesen Drang als eine Variante des universalen und elementaren Instinkts zur Selbsterhaltung zu fassen. Gleichwohl ist dieser Drang dem, was wir gewöhnlich als »Selbsterhaltung« bezeichnen, nur in einem unvertraut wörtlichen Sinne verwandt – in dem Sinne nämlich, in dem es nicht um die Bewahrung des *Lebens* des Organismus geht, sondern um die Erhaltung und Vitalität des *Selbst*.

9

Die praktische Vernunft ist, zumindest teilweise, damit beschäftigt, effektive Mittel zu entwerfen, die uns dabei helfen, unsere Zwecke zu erreichen. Soll sie einen fest gefügten Rahmen haben, dann muss sie auf Zwecke aufbauen, die für uns mehr sind als bloß Mittel für weitere Zwecke. Es muss gewisse Dinge geben, die wir um ihrer selbst willen schätzen und verfolgen. Es ist natürlich relativ leicht, sich vorzustellen, wie etwas dazu gelangt, einen instrumentellen Wert zu besitzen. Dazu ist es nur nötig, dass es auf kausal effiziente Weise zum Erreichen eines bestimmten Zwecks beiträgt. Wie aber gelangt etwas dazu, einen letzten Wert zu besitzen, der unabhängig von dem Nutzen ist, den es beim Verfolgen weiterer Zwecke haben mag? Gibt es einen akzeptablen Weg, auf dem unser Bedürfnis nach Endzwecken erfüllt werden kann?

Ich denke, die Liebe kann dieses Bedürfnis erfüllen. Indem wir anfangen, bestimmte Dinge zu lieben – aufgrund welcher Ursache auch immer –, sehen wir uns an Endzwecke gebunden. Diese Bindung greift auf mehr zurück als nur auf zufällige Impulse oder eine bewusste, absichtsvolle Wahl.[9] Die Liebe ist der Ursprung äußerster Werte. Liebten wir nichts, dann besäße nichts einen definitiven, einen inhärenten Wert für uns. Nichts müssten wir auf irgendeine Weise als Endzweck akzeptieren. Allein aufgrund ihrer Natur impliziert die Liebe, dass wir ihre Objekte als an sich wertvoll betrachten und zugleich nicht anders können, als diese Objekte zu unseren Endzwecken zu machen. In dem Maße, in dem die Liebe inhärente oder äußerste Werte schafft, in dem Maße, in dem sie für uns Wichtigkeit schafft, ist sie die zentrale Grundlage der praktischen Vernunft.

Natürlich gibt es viele Philosophen, die demgegenüber behaupten, dass bestimmte Dinge einen inhärenten Wert besitzen, der ganz unabhängig von subjektiven Zuständen

9 Zusätzlich zum Entwerfen von Mitteln beschäftigt sich die praktische Vernunft auch mit dem Setzen unserer Endzwecke. Sie tut dies, indem sie herausfindet, was wir lieben. Um das zu tun, kann es sein, dass sie ernsthafte Nachforschungen und Analysen anstellen muss. Man kann nicht auf verlässliche Weise entdecken, was man liebt, indem man einfach nur Introspektion betreibt; auch ist das, was man liebt, im Allgemeinen nicht unfehlbar am Verhalten abzulesen. Die Liebe ist eine komplexe Konfiguration des Willens, die sowohl für den Liebenden als auch für andere schwer zu erkennen sein kann.

unsererseits ist. Dieser Wert, so behaupten sie, hänge so wenig von unseren Gefühlen oder Einstellungen ab wie von unseren volitionalen Neigungen und Dispositionen. Die Position dieser Philosophen lässt sich allerdings als Reaktion auf das Problem der Fundierung der praktischen Vernunft kaum aufrechterhalten. Ihre Triftigkeit wird durch die Unfähigkeit zerstört, mit einem sehr grundlegenden Problem fertig zu werden, geschweige denn, ihm offen zu begegnen.

Man kann durchaus davon ausgehen, dass das Vorhandensein eines auf bestimmte Weise inhärent wertvollen Zwecks seine gute Eignung oder seinen Wert als Endzweck impliziert. Damit wird aber schlicht nicht impliziert, irgendjemand wäre *verpflichtet*, diesen Zweck als Endzweck zu verfolgen. Das wird nicht einmal durch die ungleich stärkere Annahme impliziert, der gemäß dieser Zweck einen größeren inhärenten Wert als alles andere besitzt. Es ist eine Sache, wenn eine Person annimmt, ein bestimmtes Objekt oder ein bestimmter Zustand besitze inhärenten Wert und liefere ihr deswegen gute Gründe, dieses Objekt oder diesen Zustand zu wählen. Es ist aber eine völlig andere Sache, von diesem Objekt oder Zustand zu behaupten, sie seien ihr wichtig oder sollten ihr wichtig sein oder aber von ihr durch ausreichende Zuwendung zu einem ihrer Zwecke erhoben werden. Es gibt viele inhärent wertvolle Zwecke, an denen niemand in besonderer Weise interessiert sein muss.

Die Behauptung, die Dinge besäßen einen unabhängigen Wert, wendet sich kaum der Frage zu – und beantwortet sie schon gar nicht –, wie die Endzwecke einer Person angemessen etabliert werden. Selbst wenn die Behauptung korrekt wäre, wenn es also bestimmte Dinge gäbe, die ganz unabhängig von subjektiven Erwägungen Wert besäßen, wäre noch *überhaupt nicht* geklärt, wie die Zwecke, die man verfolgen wird, auszuwählen sind. Bei dieser Frage geht es nicht unmittelbar um inhärente Werte, sondern um Wichtigkeit. Soweit ich sehe, kann man sie kaum auf befriedigende Weise bearbeiten, wenn man nicht Bezug nimmt auf die Dinge, die wichtig zu nehmen der Mensch nicht ändern kann. Die grundlegendsten Angelegenheiten der praktischen Vernunft lassen sich also, anders gesagt, ohne eine Beschreibung der Dinge, die die Menschen lieben, nicht lösen.[10]

10

Es gibt eine kuriose Hinsicht, in der die Beziehung zwischen der Wichtigkeit, die die Liebe für den Liebenden besitzt, und jener, die die Interessen des Geliebten für ihn besitzen, der Beziehung gleicht, die sich zwischen den Endzwecken und den Mitteln zu ihrem Erreichen herstellen lässt. Die Tatsache, dass etwas einem Endzweck als Mittel dient, impliziert in der gewöhnlichen Wahrnehmung nur, dass es einen gewissen *instrumentellen* Wert besitzt; wie wertvoll dieser Nutzen wiederum ist, hängt dann an dem Wert des Zwecks, dem es als Mittel dient. Man geht gewöhnlich auch davon aus, dass der Wert des Endzwecks in keinster Weise am Wert der Mittel hängt, die sein Erreichen ermöglichen. So betrachtet man das Ableitungsverhältnis zwischen dem Wert eines Mittels und dem Wert seines Endzwecks im Allgemeinen als asymmetrisch: der Wert des Mittels lässt sich aus dem Wert des Zwecks ableiten, aber nicht umgekehrt.

Diese Art, das Verhältnis zu charakterisieren, scheint

10 Man könnte meinen, wir seien moralisch verpflichtet, uns um bestimmte Dinge zu kümmern, ohne dass diese Verpflichtung auf subjektiven Erwägungen beruht. Aber selbst wenn wir solche Verpflichtungen tatsächlich haben sollten, wäre es immer noch nötig zu entscheiden, wie wichtig ihre Erfüllung für uns ist. Mit Blick auf die praktische Vernunft ist die Frage der Wichtigkeit – das ist im vorangegangenen Kapitel schon angedeutet worden – grundlegender als die Frage der Moral.

klarerweise unumkehrbar zu sein – so sieht es der gesunde Menschenverstand. Und doch beruht sie auf einem Fehler. Sie nimmt an, dass der einzige Wert, den ein Endzweck notwendig für uns besitzt – und zwar allein aufgrund der Tatsache, ein Endzweck zu *sein* –, identisch sein muss mit dem Wert des Zustands, den wir herstellen, wenn wir den Zweck erreichen. So aber wird die Wichtigkeit der Endzwecke für uns nicht erschöpft. Sie sind notwendigerweise noch in einer anderen Hinsicht wertvoll.

Unsere Ziele sind nicht ausschließlich deswegen wichtig für uns, weil wir den Zustand schätzen, den sie uns in Aussicht stellen. Es ist uns nicht nur wichtig, unsere Endzwecke zu *erreichen*. Es ist uns auch wichtig, Endzwecke zu *haben*, weil es ohne sie nichts Wichtiges für uns zu tun gibt. Hätten wir keine Ziele, die wir um ihrer selbst willen erstrebten, dann wären die Handlungskurse, die wir einschlagen könnten, ohne Bedeutung für uns. Das Verfügen über Endzwecke ist, mit anderen Worten, eine unverzichtbare Bedingung für unsere Beteiligung an einem Handeln, das wir als wirklich lohnenswert betrachten.

In ähnlicher Weise ist der Wert, den nützliche Tätigkeiten für uns haben, nie nur instrumentell, weil es *inhärent* wichtig für uns ist, einer Tätigkeit nachzugehen, die dem Voranbringen unserer Ziele gewidmet ist. Wir benötigen produktive Arbeit sowohl um ihrer selbst willen als auch mit Blick auf die von ihr angestrebten Ergebnisse. Unabhängig von der spezifischen Wichtigkeit der Ziele, die wir gerade verfolgen, ist es uns wichtig, dass uns die Tätigkeiten, denen wir nachgehen, lohnenswert erscheinen.

So zeigt sich, dass eine instrumentell wertvolle Tätigkeit, gerade weil sie nützlich ist, notwendigerweise auch intrinsischen Wert besitzt. Und in gleicher Weise besitzen intrinsisch wertvolle Endzwecke notwendigerweise instrumentellen Wert, weil sie eine wesentliche Bedingung für das Erreichen des intrinsisch wertvollen Ziels sind, einer lohnenswerten Tätigkeit nachzugehen. Es mag paradox klingen, aber es lässt sich durchaus sagen, dass Endzwecke instrumentell wertvoll sind, weil sie äußerste Werte verkörpern, und dass die effektiven Mittel zum Erreichen der Endzwecke intrinsisch wertvoll sind, weil sie instrumentellen Wert besitzen.

Es gibt eine ähnliche Struktur in dem reziproken Verhältnis zwischen der Wichtigkeit, die das Lieben für uns hat, und der Wichtigkeit dessen, was wir lieben. So wie ein Mittel seinem Zweck untergeordnet ist, so ist die Tätigkeit des Liebenden den Interessen des geliebten Wesens untergeordnet. Nur aufgrund dieser Unterordnung ist das Lieben für uns um seiner selbst willen wichtig. Die inhärente Wichtigkeit des Liebens verdankt sich genau der Tatsache, dass das Lieben im Wesentlichen daraus besteht, sich dem Wohlbefinden des von uns Geliebten zu widmen. Der Wert des Liebens für den Liebenden lässt sich aus der Hingabe ableiten, mit der er sich dem geliebten Wesen widmet. Mit Blick auf die Wichtigkeit dieses Wesens lässt sich sagen: Der Liebende sorgt sich um das von ihm Geliebte um seiner selbst willen. Sein Wohlbefinden ist ihm inhärent wichtig. Zusätzlich besitzt aber das, was er liebt, notwendigerweise auch einen instrumentellen Wert für ihn, weil es eine notwendige Bedingung für seine Freude an der inhärent wichtigen Tätigkeit der Liebe zu diesem Wesen ist.

II

Wenn sich die Dinge so verhalten, mag es schwer sein, sich vorzustellen, wie die Einstellung eines Liebenden zu dem von ihm geliebten Wesen völlig interesselos sein kann. Schließlich liefert das geliebte Wesen dem Liebenden eine wesentliche Bedingung für das Erreichen eines für ihn intrinsisch wichtigen Zwecks – für das Lieben nämlich. Das, was er liebt, ermöglicht es ihm, den mit dem Lieben verbundenen Gewinn zu erhalten und der Leere eines Lebens auszuweichen, in dem es für ihn nichts zu lieben gibt. So scheint der Liebende unausweichlich von dem von ihm geliebten Wesen zu profitieren und macht insofern Gebrauch von ihm. Ist dann aber nicht klar, dass die Liebe zwangsläufig den eigenen Interessen entgegenarbeitet? Wie ist es möglich, den Schluss zu vermeiden, sie sei nie völlig selbst- oder interesselos?

Dieser Schluss wäre zu voreilig. Stellen wir uns einen Mann vor, der einer Frau mitteilt, seine Liebe zu ihr verleihe seinem Leben Bedeutung und Wert. Sie zu lieben, so sagt er, sei die einzige Sache, die das Leben lebenswert mache. Die Frau wird nun kaum annehmen, dass das, was der Mann ihr sagt (vorausgesetzt, sie glaubt ihm), impliziert, er liebe sie nicht wirklich oder habe sie nur ins Herz geschlossen, weil er sich dadurch besser fühle. Sie wird nicht schließen, er benutze sie, weil er bekannt hat, wie tief das Bedürfnis ist, das seine Liebe zu ihr erfüllt. Vielmehr wird sie annehmen, er wolle ihr gerade das Gegenteil vermitteln. Was er sagt, wird für sie klarerweise implizieren, dass er sie um ihrer selbst willen schätzt und nicht bloß als Mittel für seinen eigenen Vorteil.

Der Mann könnte natürlich etwas vortäuschen. Oder er glaubt zwar, was er über sich sagt, sei die Wahrheit, weiß aber nicht wirklich, worüber er redet. Nehmen wir trotzdem an, sein Liebesbekenntnis samt der für ihn damit einhergehenden Wichtigkeit ist nicht nur aufrichtig, sondern auch wahr. Dann wäre es pervers, daraus zu schließen, er benutze die Frau nur, um seine eigenen Interessen zu befriedigen. Die Tatsache, dass es für ihn so wichtig ist, sie zu lieben, ist mit seiner unzweideutig echten und selbstlosen Hingabe an ihre Interessen absolut vereinbar. Die tiefe

Wichtigkeit seiner Liebe zu ihr impliziert kaum die absurde Konsequenz, dass er sie nicht wirklich liebt.

Der Schein eines Konfliktes zwischen dem Verfolgen eigener Interessen und der selbstlosen Hingabe an die Interessen anderer verzieht sich, sobald wir einsehen, dass das, was den Interessen des Liebenden dient, nichts anderes als seine Selbstlosigkeit ist. Nur wenn seine Liebe echt ist, das muss kaum erwähnt werden, kann sie für ihn die Wichtigkeit haben, die das Lieben für ihn nach sich zieht. Deswegen muss ihm – ist ihm das Lieben wichtig – das Aufrechterhalten der volitionalen Einstellungen, aus denen die Liebe besteht, wichtig sein. Diese Einstellungen aber bestehen hauptsächlich aus der selbstlosen Sorge um das Wohlbefinden des geliebten Wesens. Ohne diese Sorge gibt es kein Lieben. Und so kommt der Gewinn des Liebens einer Person nur in dem Maße zu, in dem sie sich interesselos um das von ihr geliebte Wesen sorgt, und nicht um des Gewinns willen, den ihr entweder das geliebte Wesen oder ihre Liebe zu ihm einbringt. Der Liebende kann nicht hoffen, seine Interessen in der Liebe zu erfüllen, wenn er nicht seine persönlichen Bedürfnisse und Pläne beiseite legt und sich den Interessen des anderen widmet.

Jeder Verdacht, das erfordere eine unplausibel hochherzige Bereitschaft zur Selbstaufgabe, kann durch die Einsicht beschwichtigt werden, dass sich der Liebende, und das liegt in der Natur dieses Falls, mit dem, was er liebt, *identifiziert*. Angesichts dieser Identifikation gehört der Schutz der Interessen des geliebten Wesens notwendig zu den Interessen des Liebenden selbst. Die Interessen des geliebten Wesens sind überhaupt keine *anderen* als seine eigenen. Sie gehören auch zu seinen Interessen. Er betrachtet das Schicksal des von ihm geliebten Wesens nicht in kalter Entfernung, sondern ist persönlich von ihm affiziert. Sich so um dieses Wesen zu sorgen, wie er es tut, bedeutet für ihn, dass sein Leben gewinnt, wenn dessen Interessen im Mittelpunkt stehen, und dass es verliert, wenn dessen Interessen ins Hintertreffen geraten. Der Liebende ist mit dem geliebten Wesen verwoben; er profitiert von dessen Erfolgen und leidet, wenn es scheitert. In dem Maße, in dem er mit dem, was er liebt, verwoben ist und sich so damit identifiziert, sind seine Interessen mit jenen des geliebten Wesens identisch. Und so kann es auch nicht überraschen, dass Selbstlosigkeit und Eigeninteresse beim Liebenden zusammenfallen.

12

Die Identifikation des Liebenden mit den Dingen, die er liebt, ist sicherlich nicht präzise und auch nicht ganz und gar vollständig. Seine Interessen sind nie völlig deckungsgleich mit denen des geliebten Wesens; außerdem ist es unwahrscheinlich, dass sie vollständig kompatibel sein werden. Wie wichtig dem Liebenden ein geliebtes Wesen auch sein mag, es wird kaum die einzige Sache sein, die ihm wichtig ist. Es wird nicht einmal die einzige Sache sein, die er liebt. Und so ist es stets möglich, dass es zu einer Zerreißprobe zwischen der Hingabe des Liebenden an das Wohlbefinden eines geliebten Wesens und seinen sonstigen Interessen kommt.

Lieben ist riskant. Es ist typisch für Liebende, immer dann anfällig für tiefstes Leid zu sein, wenn sie das, was die eine Liebe von ihnen fordert, vernachlässigen müssen, um den Forderungen einer anderen Liebe nachzukommen, oder wenn es dem geliebten Wesen nicht gut geht. Sie müssen deswegen vorsichtig sein. Sie müssen versuchen, sich nicht dazu bringen zu lassen, das zu lieben, was als Gegenstand ihrer Liebe für sie kaum wünschbar ist. Für ein grenzenloses Wesen, dessen Allmacht ihm absolute Sicherheit gewährt, ist noch die undifferenzierteste Liebe ohne Gefahr. Gott muss nicht vorsichtig sein. Er geht kein Risiko ein. Gott muss nicht, aus Klugheit oder Furcht, auf Gelegenheiten zur Liebe verzichten. Für diejenigen unter uns, die nicht ganz so außergewöhnlich begabt sind, muss die Bereitschaft zur Liebe etwas bewusster und zurückhaltender gehandhabt werden.

Es gibt Darstellungen, die davon ausgehen, dass die kreative Aktivität Gottes von einer völlig unerschöpflichen und unbeschränkten Liebe angetrieben wird. Diese Liebe, von der man meint, sie sei ohne jede Grenze oder Bedingung, treibt Gott dazu, eine Existenzfülle zu wünschen, der alles angehört, was auch nur irgendwie zum Gegenstand von Liebe werden kann. Gott will so viel lieben, wie nur geliebt werden kann. Er fürchtet sich naturgemäß nicht davor, ohne Weisheit oder zu gut zu lieben. Was Gott zu schaffen und zu lieben wünscht, ist dementsprechend bloßes Sein – von welcher Art auch immer und so viel wie nur möglich.

Zu sagen, die göttliche Liebe sei grenzen- und bedingungslos, heißt zu sagen, sie sei vollständig undifferenziert. Gott liebt *alles*, unabhängig von seinem Charakter oder seinen Konsequenzen. Das aber läuft auf die Annahme hinaus, die kreative Aktivität, in der sich Gottes Liebe zum Sein ausdrückt und erfüllt, habe kein Motiv jenseits eines ausufernd verschwenderischen Drangs, ohne Grenze oder Maß zu lieben. Fassen die Menschen Gottes Wesen als Liebe, müssen sie also davon ausgehen, dass es keine göttliche Vorsehung oder Absicht gibt, die auf irgendeine Weise die maximale Verwirklichung des Möglichen einschränkt. Wenn Gott Liebe ist, dann kommt dem Universum nur die eine schlichte Aufgabe zu: zu sein.

Endliche Kreaturen wie wir können natürlich nicht so sorglos in ihrer Liebe sein. Allmächtige Wesen sind frei von aller Passivität. Ihnen kann nichts passieren. Deswegen müssen sie sich nicht fürchten. Wir aber ziehen erhebliche Verletzbarkeiten auf uns, wenn wir lieben. Folglich müssen wir uns eine defensive Selektivität und Zurückhaltung bewahren. Es ist wichtig, dass wir darauf achten, wen oder was wir lieben.

Der Mangel an unmittelbarer willentlicher Kontrolle unseres Liebens bezeichnet eine besondere Quelle der Gefahr für uns. Die Tatsache, dass wir nicht direkt und frei bestimmen können, was wir lieben und was wir nicht lieben, indem wir einfach unsere eigene Wahl treffen und unsere eigenen Entscheidungen fällen, impliziert, dass wir oft anfällig sind, mehr oder weniger hilflos von den mit der Liebe einhergehenden Notwendigkeiten getrieben zu werden. Diese Notwendigkeiten können uns dazu bringen, uns unklug in die Liebe hineinzubegeben. Die Liebe kann uns in volitionale Bindungen hineinziehen, aus denen wir uns nicht mehr befreien können und die unsere Interessen ernsthaft zu beschädigen vermögen.

13

Unabhängig von den Risiken, denen wir uns durch die nötigende Kraft der Liebe ausgesetzt sehen, trägt diese Nötigung maßgeblich zu dem Wert bei, den die Liebe für uns besitzt. In einem gewissen Maß verhält es sich so: Gerade weil die Liebe unseren Willen fesselt, schätzen wir sie so, wie wir das tun. Das mag unplausibel klingen, wenn man bedenkt, dass wir uns üblicherweise mit selbstbeweihräucherndem Stolz als Wesen darstellen, die vor allem dem Wert der Freiheit anhängen. Wie können wir überzeugend behaupten, die Freiheit zu schätzen, und gleichzeitig einen Zustand begrüßen, der Unterwerfung unter das Notwendige erfordert? Doch der Eindruck, hier läge ein Konflikt vor, täuscht. Der Schlüssel zur Beseitigung dieses Eindrucks liegt in dem äußerlich zunächst paradoxen, gleichwohl aber authentischen Umstand verborgen, dass die Notwendigkeiten, mit denen die Liebe den Willen fesselt, selbst befreiend sind.

Es gibt in dieser Hinsicht eine auffällige und instruktive Ähnlichkeit zwischen Liebe und Vernunft. Rationalität und das Vermögen der Liebe sind die emblematischsten und am höchsten geschätzten Merkmale des Menschen. Die Erstere leitet uns mit größter Autorität beim Gebrauch unseres Geistes, die Letztere versorgt uns mit den zwingendsten Motivationen für unser privates und soziales Verhalten. Beide sind Quellen dessen, was uns in besonderer Weise menschlich und edel macht. Sie verleihen unserem Leben Würde. Auffällig ist nun, dass uns zwar beide einer befehlenden Notwendigkeit unterwerfen, gleichzeitig aber in keinster Weise Ohnmacht oder Beschränkung für uns bedeuten. Im Gegenteil, beide ziehen in typischer Weise eine Erfahrung der Befreiung und der Erhöhung nach sich. Wenn wir entdecken, dass wir nicht anders können, als den unwiderstehlichen Forderungen der Logik zu gehorchen oder den fesselnden Notwendigkeiten der Liebe nachzugeben, dann tun wir das nicht in entmutigter Passivität oder Einschnürung. In beiden Fällen – ob wir der Vernunft oder dem Herzen folgen – sind wir uns in der Regel einer belebenden Befreiung und Ausweitung unser selbst bewusst. Wie aber kann es sein, dass wir uns durch Beraubung unserer Wahlfreiheit gestärkt sehen, weniger eingeschnürt und begrenzt?

Die Erklärung hat etwas damit zu tun, dass eine Begegnung mit volitionaler oder rationaler Notwendigkeit Ungewissheit beseitigt. Dadurch werden die Hemmungen und Verzögerungen des Selbstzweifels abgeschwächt. Wenn uns die Vernunft zeigt, was der Fall sein *muss*, dann beendet das auf unserer Seite jede Unschlüssigkeit darüber, was wir glauben sollen. In seiner Beschreibung der Befriedigung, die sein frühes Studium der Geometrie mit sich brachte, spielt Bertrand Russell auf die »beruhigende Gewissheit der Mathematik« an.[11] Wie andere Modi der Gewissheit, die sich auf logisch oder begrifflich notwendige Wahrheiten stützen, beruhigt mathematische Gewissheit, weil sie uns den in uns tobenden Streit erspart, der sich um die Frage dreht, was wir glauben sollen. Die Angelegenheit ist erledigt. Wir müssen nicht mehr kämpfen, um unsere Position zu klären. Solange wir im Ungewissen sind, halten wir uns zurück. Die Entdeckung, wie die Dinge sich notwendigerweise verhalten, ermöglicht uns – ja nötigt uns –, die destabilisierende Zurückhaltung aufzugeben, die wir uns auferlegen, wenn wir nicht sicher sind, was wir denken sollen. Es gibt dann kein Hindernis mehr, das einer vollen Überzeugung im Weg stünde. Nichts hindert eine feste und ungetrübte Gewissheit. Wir sind das Hemmnis der Unentschlossenheit los und können uns ungehinderter Zustimmung hingeben.

In ähnlicher Weise beendet die Notwendigkeit, mit der die Liebe den Willen fesselt, die Unentschlossenheit der Frage, worauf sich unsere Sorge richten soll. Indem uns das geliebte Wesen gefangen nimmt, befreit es uns von jenen Hindernissen, die der Wahlfreiheit und dem Handeln im Weg stehen und die darauf hinauslaufen, entweder keine Endzwecke zu haben oder unentschieden mal in die eine, mal in die andere Richtung zu tendieren. Auf diese Weise lassen sich Gleichgültigkeit und instabile Ambivalenz, die unser Vermögen zu wählen und zu handeln radikal beschneiden können, überwinden. Die Tatsache, dass wir nicht anders können als zu lieben und dementsprechend auch nicht anders können als durch die Interessen des von uns geliebten Wesens geleitet zu werden, stellt sicher, dass wir weder ziellos herumirren noch uns zurückhalten, wenn

11 Bertrand Russell, »My Mental Development«, in: P. A. Schilpp (Hg.), *The Philosophy of Bertrand Russell*, Evanston 1946, S. 7.

es darum geht, mit fester Bestimmtheit einem bedeutungsvollen praktischen Kurs zu folgen.[12]

Die Forderungen der Logik und die Bedürfnisse eines geliebten Wesens besiegen alle gegenteiligen Präferenzen, denen wir uns weniger bestimmt zuneigen. Sind die diktatorischen Regime dieser Notwendigkeiten erst einmal etabliert, dann steht es uns nicht mehr frei zu entscheiden, worum wir uns sorgen oder was wir denken sollen. Wir haben in dieser Angelegenheit keine Wahl mehr. Die Logik und die Liebe übernehmen die Führung unserer kognitiven und volitionalen Aktivität. Sie machen es uns unmöglich, um anderer Ziele willen, die uns eventuell attraktiv erscheinen, die Bildung unserer Überzeugungen und unseres Willens zu kontrollieren.

Es mag den Anschein haben, dass uns die Notwendigkeiten der Vernunft und der Liebe befreien, indem sie uns von uns selbst befreien. Das *ist* tatsächlich in gewisser Weise, was sie tun. Die Idee ist nicht neu. Die Möglichkeit der Befreiung einer Person durch Unterwerfung unter Zwänge, die jenseits ihrer unmittelbaren willentlichen Kontrolle liegen, gehört zu den ältesten und anhaltendsten Themen unserer moralischen und religiösen Tradition. »Sein Wille«, so Dante, »ist der Friede hier uns allen«.[13] Die Beruhigung, die sich Russell durch die Entdeckung der Forderungen der Vernunft mitteilt, korrespondiert offensichtlich bis zu einem bestimmten Punkt dem Ausweg aus der inneren Unruhe, den andere entdeckt zu haben glaubten, nachdem sie gelernt hatten, Gottes unerbittlichen Willen als ihren eigenen zu akzeptieren.

12 Absolute Entschiedenheit wird dadurch allerdings nicht garantiert, denn die Tatsache, dass wir etwas lieben, klärt nicht die Frage, wie sehr wir es lieben – das heißt, ob wir es mehr oder weniger als andere Dinge lieben, deren Interessen um unsere Aufmerksamkeit konkurrieren.

13 *Paradiso* 3.85 [zitiert aus: Dante, *Die Göttliche Komödie*, Das Paradies, Dritter Gesang (85), S. 318, Frankfurt/M. 1974].

14

Ich habe behauptet, die Liebe brauche keine Fundierung in Urteilen oder Wahrnehmungen, die über den Wert des geliebten Objekts befinden. Die Würdigung des Werts eines Objekts gehört nicht zu den wesentlichen Bedingungen, um es zu lieben. Natürlich ist es möglich, dass Urteile oder Wahrnehmungen dieser Art Liebe hervorrufen. Aber die Liebe kann auch auf andere Art hervorgerufen werden.

Andererseits motiviert eine gewisse Sensibilität für die Risiken und Kosten des Liebens die Menschen häufig dazu, die Wahrscheinlichkeit der Liebe zu Dingen zu verringern, die man nicht für besonders wertvoll hält. Sie lassen sich nicht gern von der Liebe fesseln, es sei denn, sie erwarten einen relativ geringen Schaden von der Liebe – für sich selbst oder für alles, was ihnen sonst noch wichtig sein mag. Auch ziehen sie es in der Regel vor, die mit der Liebe einhergehende Aufmerksamkeit und Anstrengung zu vermeiden, es sei denn, sie halten das Gedeihen des geliebten Wesens für wünschenswert.

Darüber hinaus offenbart das, was eine Person liebt, etwas Bedeutsames über sie. Es wirft ein Licht auf ihren Geschmack und ihren Charakter; oder man glaubt zumindest, dass das der Fall ist. Die Menschen werden häufig auf der Basis der Dinge, an denen ihnen etwas liegt, beurteilt und bewertet. Deswegen treiben sie Stolz und die Sorge um den eigenen Ruf an, darauf zu achten, soweit sie das können, dass das, was sie lieben, etwas ist, was andere und sie selbst für wertvoll halten.

Was eine Person liebt, oder was sie nicht liebt, das kann ihr zum Vorteil gereichen; es kann ihr aber auch zum Nachteil gereichen. Man meint dann, sie hätte einen schlechten moralischen Charakter, wäre oberflächlich, armselig im Urteilsvermögen oder auf sonst eine Weise minderbemittelt. Eine Variante der Liebe, für die jeder anfällig ist und von der es weithin heißt, sie werfe ein schlechtes Licht auf den Liebenden – vor allem, wenn sie ihn mit großer Wucht erfasst –, ist die Liebe zu sich selbst. Ein Hang zur Selbstliebe wird vielleicht nicht überall als unbestritten unmoralisch verurteilt. Und doch hält man ihn im Allgemeinen für eher unattraktiv und verweigert ihm besondere Achtung. Rechtschaffene Menschen nehmen an, man solle Besseres mit seiner Liebe anfangen, als sie auf sich selbst zu richten.

Die Dinge gestalten sich aber anders, wenn man sie vor dem Hintergrund der von mir skizzierten allgemeinen Beschreibung der Liebe sieht. Im nächsten Kapitel werde ich ein Verständnis der Selbstliebe entwickeln, das für eine Einstellung zur Selbstliebe steht, die stark von der eben erwähnten unterschieden werden muss. Weit davon entfernt, ein Charakterfehler oder eine Schwäche zu sein, ist der Weg zur Selbstliebe, so werde ich argumentieren, die tiefste und wesentlichste – und keinesfalls am leichtesten zu erreichende – Leistung eines ernst zu nehmenden und geglückten Lebens.

Drittes Kapitel

Das liebe Selbst

1

Es gibt einige Dinge, um die sich so gut wie jeder sorgen muss. Im Großen und Ganzen ist das auch gut so. Mit Blick auf viele der Dinge, die fast überall geliebt werden, würde man sich wohl im Allgemeinen darauf einigen, dass es wünschenswert ist, wenn jeder sie liebt. Wir sehen uns bestärkt durch die Tatsache, dass wir fast alle das Leben lieben und unsere Kinder und bereichernde Beziehungen zu anderen usw. Das mehr oder weniger unbegrenzte Vorkommen dieser Zuneigungen ist, so glauben wir, ein gütiger Zug der menschlichen Natur. Dadurch wird sichergestellt, dass sich so gut wie jeder an eine Reihe von Gütern gebunden sieht, die als legitim und unverzichtbar anerkannt ist.

Und doch gibt es eine wichtige Ausnahme. Man nimmt häufig an, dass die Liebe einer Person zu sich selbst auf eine mehr oder weniger unausweichliche Weise natürlich ist; gleichzeitig aber beklagt man diesen Umstand. Viele Menschen glauben – gerade, wenn sie die Neigung zur Selbstliebe für allgegenwärtig und unausrottbar halten –, dass diese eingefleischte Tendenz zur Selbstliebe, die viele von uns aufweisen, ein wirklich schädlicher Defekt der menschlichen Natur ist. In ihren Augen ist es vor allem die Selbstliebe, die es uns unmöglich macht, uns ausreichend und angemessen – das heißt selbstlos – den anderen Dingen zu widmen, die wir lieben oder die zu lieben gut für uns wäre. Die Liebe zu sich selbst hindert uns, so denken sie, auf ernste und oftmals zerstörerische Weise daran, uns nicht nur den Forderungen der Moral, sondern auch den wichtigen nichtmoralischen Gütern und Idealen mit Sorge zuzuwenden. Ja, der Vorwurf, wir würden uns zu tief der Selbstliebe hingeben, dient häufig als identifizierendes Merkmal eines fast schon unüberwindbaren Hindernisses auf dem Weg zu jenem Leben, das wir führen sollten.

2

Kant zählt zu jenen, die besonders bestürzt und negativ auf den angeblich allgegenwärtigen und unnachgiebigen Würgegriff der Selbstliebe reagieren. Die Tatsache, dass die Menschen sich selbst lieben, bereitet ihm Sorge, weil er darin ein beachtliches Hindernis für den Fortschritt der Moral erblickt. Seiner Ansicht nach bedeutet das so gut wie unausweichlich, dass die Handlungsmotive der Menschen, gleichgültig, was sie tun, nicht die Motive sein werden, die die Moral fordert.

Am Anfang des zweiten Abschnitts der *Grundlegung zur Metaphysik der Sitten* denkt Kant über den Umstand nach, dass es, wie ihm scheint, praktisch unmöglich für uns ist, jemals mit völliger Gewissheit zu wissen, ob das, was eine Person getan hat, echten moralischen Wert besitzt.[1] Ihn erstaunt, auf wie unausweichliche Weise wir im Ungewissen bleiben müssen, wenn es um die Frage geht, ob man jemandem zu Recht nachsagen kann, tugendhaft gehandelt zu haben. Die ihn störende Schwierigkeit entsteht nicht aufgrund von Zweifeln an unserem Vermögen, diejenige Handlung zu identifizieren, die, unter den gegebenen Umständen, vom moralischen Gesetz vorgeschrieben wird. Für Kant ist das der leichte Teil der Aufgabe. Die Schwierigkeit, zu einer gerechten moralischen Bewertung des menschli-

1 Immanuel Kant, *Grundlegung zur Metaphysik der Sitten* [zitiert nach: ders., *Werkausgabe VII*, hg. von Wilhelm Weischedel, Frankfurt/M. 1956].

chen Handelns zu gelangen, hat in seinen Augen etwas mit der undurchdringlichen Dunkelheit menschlicher Motivationen zu tun.

Selbst wenn klar ist, dass das, was eine Person getan hat, mit allen relevanten moralischen Forderungen konform geht – zumindest mit Blick auf ihr äußerliches Verhalten –, kann immer noch undeutlich sein, ob die Person tugendhaft gehandelt hat. Ja, wie sehr ihr Verhalten auch die Bestimmungen des moralischen Gesetzes erfüllt, es ist durchaus möglich, dass ihr das überhaupt kein moralisches Lob einträgt. Die Tatsache, dass sie genau das getan hat, was die Pflicht verlangt, rechtfertigt an sich noch nicht das Urteil, sie habe moralisch wertvoll gehandelt. Ein solches Urteil wird schlicht nicht durch das gerechtfertigt, was man getan hat. Es muss unbedingt mit einbeziehen, wodurch die Person tatsächlich bewegt wurde.

Nach Kant besitzt eine Handlung keinen moralischen Wert, wenn ihre Durchführung durch nichts weiter motiviert wird als durch das, was man selbst will. Wenn die Wünsche, die einen zum Handeln antreiben, einfach nur Wünsche sind, die einen aus eigenen Gründen antreiben, dann ist es unerheblich, ob sie gütig auf das Wohl anderer zielen oder gierig auf irgendeinen banalen persönlichen Vorteil aus sind. In beiden Fällen ist der kritische Punkt, dass man das, was man tut, nur tut, weil man geneigt ist, es zu tun.

Menschen mit großzügigen Neigungen sind sicherlich egoistischen Menschen vorzuziehen. Auch gilt, dass Tiere, die von Natur aus freundlich und bescheiden sind, eine angenehmere Gesellschaft bilden als Tiere, die eher feindselig reagieren. Nun beharrt Kant darauf, dass diese Gegensätze der natürlichen Neigungen von Menschen und Tieren in dem einen Fall nicht moralisch bedeutsamer sind als in dem anderen. In seinen Augen sind Menschen, die von Natur aus eher großzügig sind, nicht moralisch wertvoller als jene nichtmenschlichen Wesen, die von Natur aus eher mit freundlicher Nachgiebigkeit und Herzlichkeit reagieren.

Kant scheint hier etwas richtig zu sehen. Warum sollte eine Person moralisch für etwas belohnt werden, was sie doch nur tut, weil sie dazu veranlagt ist – also nur, weil sie das Gefühl hat, so handeln zu müssen? Sicher, das Verfolgen persönlicher Ziele ist nicht zwangsläufig falsch. Und doch kann die Herrschaft über das eigene Handeln, die den eigenen Wünschen entspricht, kaum als eine nennenswerte moralische Errungenschaft gewertet werden. Kant behauptet hier auf mehr oder weniger plausible Weise, dass es kaum sinnvoll ist, Menschen moralisch zu bewundern, die tun, was ihnen gefällt.

In Kants Sicht der Dinge gibt es nur einen Weg zu wirklichem moralischen Verdienst, nämlich indem man das Richtige tut, *weil* es richtig ist, es zu tun. Kein Handeln ist moralisch wertvoll, so nimmt Kant an, wenn es nicht in der vollen Absicht geschieht, den Forderungen der Moral gerecht zu werden. Um also eine Person auf der Basis ihres Tuns angemessen moralisch zu würdigen, müssen wir wissen, welche Motive die Person in ihrem Handeln leiten.

Für Kant, und nicht nur für ihn, fangen hier die Schwierigkeiten an. Es ist sehr schwer, genaue Gewissheit darüber zu erlangen, warum eine Person unter bestimmten Umständen so handelt, wie sie handelt. Die Psychologie menschlicher Wesen ist komplex und flüchtig; die Quellen ihres Handelns sind dunkel. Wir täuschen uns nicht nur häufig über die Motive anderer, sondern auch über unsere eigenen Motive. So können wir nur sehr selten (wenn überhaupt je) zu Recht zuversichtlich sein, dass eine Person tatsächlich um der Pflicht willen handelt – mit anderen Worten, dass sie eher aus Achtung vor der rationalen Autorität eines unpersönlichen moralischen Imperativs als unter Bezug auf private Neigungen oder Wünsche handelt.

3

Kant ist letztlich überzeugt, dass wir diesbezüglich *nie* ganz und gar zuversichtlich sein können. Er nimmt nämlich in erster Linie an, dass es »schlechterdings unmöglich« ist, »durch Erfahrung einen einzigen Fall mit völliger Gewißheit auszumachen«, in dem die Person *nur* aus Pflicht handelt.[2] Moralische Erwägungen sind *nie* die *einzigen*, die eine Person bewegen; andere Reize und Intentionen sind *immer* wirksam. Darüber hinaus können wir die Möglichkeit nie gänzlich ausräumen, dass es die anderen motivierenden Faktoren sind, und nicht die Forderungen der Pflicht, die eine Person am effektivsten in ihrem Handeln leiten.

Manchmal sieht es so aus, als *müsse* es die Moral sein, die hier eine entscheidende Rolle spielt. Es gibt gelegentlich Umstände, unter denen es so scheint, als *könne* die Tatsache, dass eine bestimmte Handlung ausgeführt wird, durch nichts weiter erklärt werden als durch die motivierende Kraft bestimmter moralischer Erwägungen. Doch selbst hier können wir uns leicht über das wirkliche Geschehen täuschen. Kant warnt, dass daraus nicht »mit Sicherheit« geschlossen werden kann, »daß wirklich gar kein geheimer Antrieb der Selbstliebe, unter der bloßen Vorspiegelung jener Idee [der Pflicht], die eigentliche bestimmende Ursache des Willens gewesen sei«.[3] Die Menschen sind nicht nur kompliziert und obskur. Sie täuschen sich auch über sich (und über andere). So ist es ganz und gar nicht unüblich für uns, die anderen falsch zu »lesen«; auch können wir uns nicht darauf verlassen, gegen Illusionen und Fehler immun zu sein, die uns selbst betreffen.

Kant ist an diesem Punkt nicht zynisch, aber er will realistisch bleiben. Sein wohlerwogenes Urteil lautet, dass ein

2 *Grundlegung*, A26.
3 Ebd.

»kaltblütiger Beobachter« in gewissen Augenblicken »zweifelhaft« werden muss, »ob auch wirklich in der Welt irgend wahre Tugend angetroffen werde«.[4] Das ist nicht hämisch gemeint. Kants grundlegende Einstellung zum menschlichen Charakter besteht nicht aus wegwerfender Verachtung. In seinem Bemühen, die Menschen zu verstehen, ist er durchaus bereit, ihnen im Zweifelsfall zur Seite zu stehen. Allerdings nur bis zu einem gewissen Punkt: »Ich will aus Menschenliebe einräumen«, so sagt er, »daß noch die meisten unserer Handlungen *pflichtmäßig* sein; sieht man aber ihr Tichten und Trachten näher an, so stößt man allenthalben auf *das liebe Selbst*, was immer hervorsticht, worauf, und nicht auf das strenge Gebot der Pflicht, welches mehrmalen Selbstverleugnung erfordern würde, sich ihre Absicht stützet.«[5]

Es ist deutlich genug, was Kant vor Augen hat. Er bezweifelt, dass wir uns je vollständig von der Beschäftigung mit unseren Neigungen befreien oder uns je gänzlich von ihrer dominierenden motivationalen Kraft abschotten können. Es ist nicht unsere Hingabe an die Moral, sondern unser Interesse am Verfolgen unserer eigenen Neigungen, das, so glaubt Kant, grundsätzlich Vorrang für uns genießt und dementsprechend einen entscheidenderen Einfluss auf unser Verhalten ausübt. Wir können uns – mit der vermeintlich größten Aufrichtigkeit – suggerieren, unsere Einstellungen und Handlungen seien, zumindest manchmal, gewissenhaft daran orientiert, den Forderungen der Pflicht nachzukommen. Kant vermutet allerdings, dass sie de facto stets in erster Linie auf den Druck unserer Wünsche reagieren. Es sind unsere eigenen Wünsche, um die wir uns mit der größten Sorgfalt kümmern. Wir sind unausweichlich in sie eingelassen, sie sind es, die uns fortlaufend und mit

4 *Grundlegung*, A27.

5 Ebd., Hervorhebung H. F.

der größten Dringlichkeit antreiben. Selbst wenn wir das Richtige tun, tun wir es hauptsächlich, um unsere eigenen Impulse und Pläne zu befriedigen, nicht aber aus Achtung vor dem moralischen Gesetz.

4

Die Tatsache, dass die Anfeuerungen der Selbstliebe so allgegenwärtig und zwingend in unser Leben eingreifen, macht es uns unmöglich, so Kant, dem moralischen Gesetz tugendhaft zu folgen. Ich will hier ebenso wenig in Frage stellen, wie Kant moralisches Verdienst begreift, wie ich an anderen Elementen seiner Moraltheorie zweifeln möchte. Ich werde also nicht behaupten, er liege falsch, wenn er von einer unausweichlich feindlichen Beziehung zwischen den Forderungen der Moral und den Forderungen der persönlichen Wünsche überzeugt ist. Andererseits halte ich das, was er über das Selbst und über unsere Einstellung zum Selbst sagt, in wesentlichen Hinsichten für fehlgeleitet.

Kant genießt den Ruf kompromissloser moralischer Strenge. Allerdings muss eingeräumt werden, dass er in den von mir zitierten Passagen weder mit harter Indifferenz gegenüber normalen menschlichen Gefühlen noch ohne Anteilnahme an den vertrauten Zügen menschlicher Schwäche aufzutreten scheint. Ja, seine klagenden Anspielungen auf die dem menschlichen Charakter innewohnenden Schwächen und auf die besorgten Manöver der Selbsttäuschung, mit denen wir sie zu verdecken suchen, haben durchaus einen süßlichen Beigeschmack, der etwas Richtiges trifft.

Doch selbst wenn sein Bedauern über den unvermeidlichen Hang des Menschen, sich selbst besonders nahe zu sein, im Ganzen warmherzig und ausgewogen sein mag, bleibt die Frage, warum eine solche Haltung des Bedauerns tatsächlich angemessen sein sollte. Was ist, nach allem, was gesagt wurde, so beschämend oder unglücklich an unserem Hang zur Selbstliebe? Warum sollten wir ihm mit einer Art rechtschaffenem Kummer oder Widerwillen begegnen oder vermuten, dass er irgendwie ein schreckliches Hindernis auf dem Weg zum Erreichen unserer eigentlichen Ziele ist? Warum sollten wir die Selbstliebe überhaupt für ein Hindernis halten, das jenem Leben entgegensteht, auf das wir vernünftigerweise zielen sollten?

Schließlich gibt es einen Autor, dessen moralische Autorität sich durchaus mit der Kants messen kann, der uns auffordert, unseren Nächsten zu lieben *wie uns selbst*. Diese Ermahnung klingt nicht gerade wie eine Warnung vor Selbstliebe. Ihre implizite Botschaft ist nicht, dass wir andere, aber nicht uns selbst lieben sollten. Mehr noch, sie suggeriert in keinster Weise, die Selbstliebe sei ein Feind der Tugend oder es sei irgendwie anrüchig, sein Selbst zu schützen. Im Gegenteil, der göttliche Befehl, andere zu lieben wie uns selbst, könnte als eine Empfehlung betrachtet werden, in deren Licht die Selbstliebe als besonders hilfreiches Paradigma fungiert – als Modell oder Ideal, das uns in unserem praktischen Leben als Leitbild dienen sollte.

Natürlich könnte man hier mit einer gewissen Berechtigung einwenden, dass die wahre Bedeutung der göttlichen Anweisung eine andere ist. Die biblische Ermahnung, die anderen wie uns selbst zu lieben, will uns vielleicht nur dazu ermutigen, die anderen mit der gleichen Intensität oder der gleichen unverzagten Hingabe zu lieben, mit der wir uns normalerweise selbst überschütten. Dieser Lesart zufolge geht es für uns nur darum, andere mit der gleichen Rückhaltlosigkeit und Hartnäckigkeit zu lieben, die wir sonst unserem lieben Selbst zukommen lassen. Nicht die Selbstliebe an sich wird hier als Modell angeboten, sondern die besonders übertriebene Weise, mit der wir normalerweise uns selbst lieben.

Wie dem auch sei, ich möchte einen anderen Blick auf die Liebe werfen, die die Menschen – wie man annimmt – sich selbst entgegenbringen. Ich möchte eine Alternative zu Kants Deutung des »lieben Selbst« vorschlagen, die ein anderes Licht auf die Bedeutung der Selbstliebe und ihren Wert wirft.

5

Nach meinem Verständnis von Selbstliebe handelt es sich bei ihr um eine Einstellung, die sich ziemlich stark von der unterscheidet, die Kant im Kopf hat, wenn er darüber klagt, dass uns das Selbst zu wichtig ist. Redet er von jenen, die sich selbst lieben, beschreibt Kant Menschen, denen es vor allem wichtig ist, ihre eigenen Neigungen und Wünsche zu befriedigen, und die sich bei allen möglichen Gelegenheiten immer ganz von den Neigungen oder Wünschen zum Handeln antreiben lassen, die gerade am stärksten sind. In meinen Augen werden diese Menschen nicht von Selbstliebe angetrieben. Ihre Bindung an das liebe Selbst ist weniger als Selbstliebe denn als eine Art von Nachgiebigkeit zu verstehen, und Nachgiebigkeit ist etwas ganz anderes als Selbstliebe.

Die Einstellung der Liebe und die der Nachgiebigkeit sind nicht nur sehr unterschiedlich. Sie widersprechen sich oft. Eltern, die ihre Kinder lieben, bemühen sich darum, wenn sie sensibel sind, nicht allzu nachgiebig zu sein. Ihre Liebe treibt sie nicht dazu an, ihren Kindern das zu geben, was diese gerade am stärksten wollen. Vielmehr zeigen sie ihre Liebe, indem sie sich darum sorgen, was für ihre Kinder am wichtigsten ist – mit anderen Worten, indem sie darauf zielen, die wahren Interessen ihrer Kinder zu schützen und voranzubringen. Sie berücksichtigen das, was ihre

Kinder wollen, nur in dem Maße, in dem es ihnen hilft, dieses Ziel zu erreichen. Gerade weil sie ihre Kinder lieben, tun sie viele Dinge nicht, die ihre Kinder gerne wollen.

In der gleichen Weise zeigt eine Person, dass sie sich selbst liebt. Sie zeigt es, indem sie die Interessen schützt und voranbringt, die sie für ihre wahren Interessen hält, auch wenn dadurch einige Wünsche durchkreuzt werden, die zwar mit Macht auf sie einwirken, aber zugleich drohen, sie von diesem Ziel abzulenken. In Kants Darstellung verlangt das liebe Selbst nicht, wahrhaft und intelligent geliebt zu werden. Es verlangt lediglich, dass seine Impulse und Wünsche befriedigt werden. Anders gesagt: es verlangt Nachgiebigkeit. Eine Person offenbart ihre Selbstliebe aber nicht dadurch, dass sie sich selbst gegenüber nachgiebig ist. Echte Liebe zu uns selbst verlangt, wie echte Liebe zu unseren Kindern, nach einer gewissenhaften Aufmerksamkeit anderer Art.

6

Die Natur der Selbstliebe soll nun etwas genauer erörtert werden. Wie jede Variante der Liebe hat die Liebe zu einer Person vier wesentliche begrifflich notwendige Merkmale. Erstens: Sie besteht grundsätzlich aus einer interessefreien Sorge um das Wohl oder Gedeihen der geliebten Person. Sie wird nicht von einer weitergehenden Absicht getragen, da sie das für das geliebte Wesen Gute um seiner selbst willen erstrebt. Zweitens: Liebe ist in dem Maße anders als andere Arten der interessefreien Sorge um Menschen – man denke an Wohltätigkeit –, in dem sie unausweichlich persönlich ist. Der Liebende kann nicht auf kohärente Weise darüber nachdenken, irgendein anderes Individuum als Ersatz für das geliebte Wesen zu betrachten, gleichgültig, wie ähnlich dieses Individuum dem geliebten Wesen auch sein mag. Die Person, die geliebt wird, wird um ihrer selbst willen geliebt und nicht als besonderer Fall eines Typus. Drittens: Der Liebende identifiziert sich mit dem geliebten Wesen; das heißt, er betrachtet die Interessen des geliebten Wesens als seine eigenen. Dementsprechend leidet er oder ist wohlauf, je nachdem, ob man diesen Interessen in angemessener Weise entspricht oder nicht. Schließlich: Die Liebe bindet den Willen. Es liegt nicht einfach in unserer Hand, was wir lieben und was wir nicht lieben. Wir können die Liebe nicht wählen, da sie von Bedingungen bestimmt wird, die unserer unmittelbaren willentlichen Kontrolle äußerlich sind.

Wenn wir das als die definierenden Merkmale der Liebe akzeptieren, dann wird deutlich, dass Selbstliebe – trotz ihres fragwürdigen Rufs – in gewisser Weise die reinste aller Arten der Liebe ist. Der Leser wird hier vielleicht annehmen, ich könne das nicht ernsthaft meinen. Wie könnte die Behauptung, die Selbstliebe sei die reinste Art der Liebe, in Wahrheit etwas anderes sein als das alberne und unverantwortliche Spielen mit einem Paradox? Tatsächlich aber lässt sich die außergewöhnliche Reinheit der Selbstliebe leicht beweisen.

Ich behaupte natürlich nicht, dass es besonders nobel ist, sich selbst zu lieben, oder dass es in besonders guter Weise den Charakter einer Person widerspiegelt. Ich behaupte vielmehr, dass die Selbstliebe reiner ist als andere Arten der Liebe, da die Liebe im Falle der Selbstliebe mit großer Wahrscheinlichkeit unzweideutig und unkorrumpiert ist. Mit anderen Worten, Fälle von Selbstliebe passen eher als andere Fälle von Liebe zu den Kriterien, die identifizieren, was die Liebe im Wesentlichen ist. Die Liebe zum Selbst mag uns zunächst als ein degenerierter Typ von Liebe erscheinen, der überhaupt nicht als echter Typ von Liebe zu betrachten ist. Und doch passt die Selbstliebe besonders gut zu den begrifflich unverzichtbaren Bedingungen, durch die die Natur der Liebe definiert wird.

7

Zunächst einmal wird wohl kaum jemand bestreiten, dass die Identifizierung des Liebenden mit dem Geliebten auf eine besondere Weise robust und unbeschnitten ist, wenn eine Person sich selbst liebt. Für jemanden, der sich selbst liebt, das muss kaum gesagt werden, sind die eigenen Interessen und die des Geliebten identisch. Seine Identifikation mit den Interessen des Geliebten muss offensichtlich nicht mit den Diskrepanzen, Ungewissheiten oder Verzögerungen rechnen, die in anderen Arten der Liebe unausweichlich auftreten.

Noch offensichtlicher ist, dass die Hingabe des sich selbst Liebenden an den Geliebten dem besonderen Individuum gilt und nicht dem Fall oder Exemplar eines allgemeineren Typus. Es ist kaum sinnvoll anzunehmen, die Selbstliebe einer Person sei auf ein gleichwertiges Substitut übertragbar. Es ist vielleicht möglich, dass ein Mann, der eine bestimmte Frau liebt, eine andere Frau anziehend findet, die in seinen Augen der ersten in vielen Punkten gleicht. Aber nehmen wir an, jemand gelangt zu der Überzeugung, eine andere Person ähnele ihm selbst. Diese Ähnlichkeit wird ihn kaum dazu verleiten, die andere Person so zu lieben, wie er sich selbst liebt. Was uns dazu bringt, uns selbst zu lieben, ist etwas ganz anderes als der Besitz von Eigenschaften, die in gleicher Weise von anderen besessen werden könnten.

Außerdem liegt die Selbstliebe nicht einfach nur außerhalb unserer unmittelbaren willentlichen Kontrolle. Wir neigen von Natur aus eher dazu, uns selbst zu lieben als andere Dinge, und tun das auch sorgloser. Darüber hinaus ist unsere Neigung zur Selbstliebe weniger anfällig als andere Arten der Liebe für die Hemmnisse und Blockaden, die uns durch indirekte Einflüsse und Aktionen entstehen. Vielleicht ist diese Neigung nicht vollständig unwiderstehlich; es ist aber in jedem Fall sehr schwer, sie zu überwinden oder ihr auszuweichen. Anders als bei den meisten anderen Dingen stehen hinter unserer Selbstliebe nicht zufällige Ursachen, von denen sie herrührte oder aber größtenteils abhängig wäre und die uns Gelegenheit geben, ein gewisses Maß an Manipulation auszuüben. Sie sitzt tief in unserer Natur und ist in einem beträchtlichen Ausmaß unabhängig von Kontingenzen.

Schließlich wird die unverdorbene Reinheit der Selbstliebe fast nie durch das Eindringen weiterer, extrinsisch wirkender Absichten verdorben. Es ist eher selten, dass wir unser eigenes Wohlbefinden primär deswegen erstreben, weil uns dadurch ein anderes Gut offensteht. Die Liebe, die wir uns selbst schenken, strebt in größerem Maße als andere Fälle der Liebe danach, dass der Geliebte nicht nur um seiner selbst willen geliebt wird, sondern einzig um seiner selbst willen. Vielleicht nähert man sich dem Absurden doch allzu sehr an, wenn man vorschlägt, die Selbstliebe könne *selbstlos* sein. Es passt aber, sie als *interesselos* zu bezeichnen. Ja, die Selbstliebe ist fast immer vollständig interesselos, und zwar in dem ganz klaren, wörtlichen Sinne einer Motivation, die vom Interesse des Geliebten ausgeht und sonst von keinem Interesse.

8

Um den Charakter der Selbstliebe zu erhellen, wird es hilfreich sein, das nahe liegende Modell der vergleichsweise (wenn auch nicht gleichermaßen) reinen Liebe heranzuziehen, die Eltern gewöhnlich ihren Kindern entgegenbringen. Es gibt eine Reihe bedeutsamer Hinsichten, in denen die elterliche Liebe der Liebe zu sich selbst ähnelt. Die große Ähnlichkeit zwischen diesen beiden Arten der Liebe hat vermutlich etwas mit dem hohen Maß zu tun, in dem sich der Liebende, in einzelnen Fällen beider Arten, auf mehr oder weniger unwiderstehliche Weise mit dem geliebten Wesen identifiziert.

In der Selbstliebe kann es keine Diskrepanz geben zwischen den Interessen der Person, die sich selbst liebt, und den Interessen der Person, auf die sich diese Selbstliebe richtet. Die charakteristische Identifikation der Eltern mit ihrem Kind ist im Allgemeinen begrenzter und weniger gewiss. Trotzdem ist sie in der Regel besonders umfassend und zwingend. Schließlich kommt das Kind im wörtlichen Sinne aus den Körpern seiner Eltern; und selbst lange nach der Geburt des Kindes machen die Eltern normalerweise die Erfahrung, dass das Kind, wenn auch nicht in derselben organischen Weise, ein Teil von ihnen ist. Die Intimität und Lebendigkeit dieser Bindung verringert sich in dem Maße, in dem sich das Kind von seinen Eltern trennt und seine eigenen Wege geht. Bis dahin aber, und oft auch darüber hinaus, ist die Reichweite und die Stärke der elterlichen Identifizierung außergewöhnlich.

Die Selbstliebe und die liebende Fürsorge, mit der Eltern den Interessen ihrer kleinen Kinder begegnen, ähneln sich in weiteren Hinsichten: Nicht nur bestehen beide – wie natürlich jede echte Liebe – aus der Hingabe an das, was für das geliebte Wesen gut ist, auch handelt es sich in beiden Fällen um eine Hingabe ohne äußere Absicht oder Intention. Die Eltern sorgen sich zumeist nicht instrumentell um das Wohl ihrer Kinder. Sie schätzen dieses Wohl *einzig* um seiner selbst willen. Das aber ist auch typisch für die Art, in der man sich dem, was für einen selbst gut ist, widmet. In beiden Fällen beabsichtigt der Liebende nicht, dass seine

Bemühungen um den Schutz und die Förderung der Interessen des geliebten Wesens dazu dienen, weitere Vorteile zu erreichen.

Auf der anderen Seite ist die Liebe, die anderen gilt, und nicht den eigenen Kindern oder dem eigenen Selbst, kaum je so durchgreifend interesselos. Sie vermischt sich fast immer mit einer Hoffnung auf Erwiderung der Liebe oder auf den Erwerb anderer vom Wohlbefinden des geliebten Wesens getrennter Güter, wenn sie nicht sogar auf dieser Hoffnung gründet. Bei diesen Gütern kann es sich etwa um Kameradschaft, emotionale und materielle Sicherheit, sexuelle Befriedigung, Prestige oder Ähnliches handeln. Nur wenn das geliebte Wesen das Kind des Liebenden ist, ist die Liebe wahrscheinlich so frei von derart kalkulierten oder impliziten Erwartungen, wie das mit fast der gleichen Ausnahmslosigkeit nur noch bei der Liebe einer Person zu sich selbst der Fall ist. Es stimmt, Eltern hoffen normalerweise, dass ihre kleinen Kinder sie eines Tages lieben; oft hoffen sie auch, dass ihre Kinder ihnen zur gegebenen Zeit zusätzliche Vorteile verschaffen. Unter gewöhnlichen Bedingungen aber stehen diese Hoffnungen nicht im Mittelpunkt; sie bleiben unauffällig, ja irrelevant, jedenfalls solange die Kinder sehr jung sind. Es zeichnet sowohl die anspruchslose Elternliebe als auch die Selbstliebe aus, dass die interesselose Sorge um das Gut des geliebten Wesens dahin tendiert, vom Interesse an anderen Gütern unbefleckt oder sogar gänzlich unberührt zu bleiben.

Schließlich ähneln sich elterliche Liebe und Selbstliebe hinsichtlich der praktisch unausweichlichen Macht, mit der sie uns von Natur aus ergreifen. Kein Zweifel, es gibt einige unglückliche Kleinkinder, deren Eltern sich überhaupt nicht um ihr Wohlbefinden sorgen. Und es gibt einige leichtfertig gleichgültige, extrem depressive oder geistlos selbstgefällige Individuen, die sich überhaupt nicht um sich selbst kümmern. Fälle dieser Art sind aber selten. Darüber hinaus stimmen sie so wenig mit unseren grundlegenden Erwartungen an die menschliche Natur zusammen, dass wir sie im Allgemeinen als pathologisch betrachten. Normale Menschen, so nehmen wir an, sehen sich immer auf machtvolle Weise veranlasst, ihre Kinder zu lieben; genauso wenig können sie etwas gegen die starke Neigung tun, die sie dazu bringt, sich selbst zu lieben. Sowohl die Disposition, liebende Eltern zu sein, als auch die Disposition, uns selbst zu lieben, ist uns angeboren. Es ist vielleicht nicht wahr, dass beide Dispositionen unauslöschlich sind. Wir unterstellen ihnen aber außergewöhnliche Stabilität. Wenn es um unsere Kinder und um uns selbst geht, dann zeigen wir kaum eine Tendenz zur Launenhaftigkeit.

9

Was ist also der besondere Charakter der Selbstliebe? Wie manifestiert sich diese besondere Variante der Liebe und was folgt aus ihr? Wenn sich eine Person wirklich liebt, worauf läuft diese Liebe dann hinaus? In ihrer Realität als Modus der Liebe unterscheidet sich die Selbstliebe natürlich nicht von anderen Arten der Liebe. Wie für jede Liebe gilt auch hier, dass der Liebende sich um das Wohl des geliebten Wesens um seiner selbst willen sorgt. Er kümmert sich interesselos darum, die wahren Interessen der geliebten Person zu verfolgen und zu schützen. Da in diesem Fall die geliebte Person er selbst ist, sind die Interessen, denen sich seine Selbstliebe widmet, seine eigenen.

Nun werden diese Interessen, wie alle wahren Interessen, durch das definiert, was die Person liebt. Das, was eine Person liebt, bestimmt, was ihr wichtig ist. Es ist also axiomatisch, dass die Selbstliebe einer Person in ihrem Kern schlicht eine interesselose Sorge um das ist, was die Person gerade liebt.[6] Die beste Charakterisierung der Natur der Selbstliebe besagt dann schlicht, dass jemand, der sich selbst liebt, diese Liebe zeigt, indem er das liebt, was er liebt.

Es ist deswegen nicht sehr hilfreich, die Gegenstände der Selbstliebe einem einheitlichen Typus zuzuordnen – jenen Gegenständen nämlich, von denen sich jeder angemessen als ein »Selbst« identifizieren oder charakterisieren lässt. Es muss noch etwas anderes geben, was eine Person liebt – etwas, das nicht auf vernünftige oder auch nur verständliche Weise als ihr »Selbst« identifiziert werden kann –, damit es überhaupt etwas gibt, worauf sich die Selbstliebe einer Person richten kann. Das, was man gemeinhin als Liebe einer Person zu sich selbst bezeichnet, ist nie primär, jedenfalls dann nicht, wenn man es ganz schlicht wörtlich versteht. Diese Liebe leitet sich ab oder setzt sich zusammen aus der Liebe zu Dingen, die nicht mit den liebenden Menschen selbst identisch sind. Wenn das der Fall ist, ist es vielleicht auch nicht ganz richtig, die Selbstliebe als einen Umstand zu betrachten, in dem der Liebende und die geliebte Person im strikten Sinne identisch sind. Eine Person kann sich nicht selbst lieben, wenn sie nicht auch noch andere Dinge liebt.

Ist das Konzept der Selbstliebe dann aber nicht so dürftig, dass es nutzlos wird? Es scheint auf nichts weiter hinauszulaufen als auf eine bloße Redundanz, die durch eine eher sinnlose Verdoppelung ausgelöst wird. Wenn die Hingabe an die Interessen des geliebten Gegenstands ein für die Liebe grundlegend notwendiges Element bezeichnet und wenn die Interessen einer Person durch das, was sie liebt, bestimmt werden, dann folgt, dass die Liebe einer Person zu sich selbst im Wesentlichen aus der Hingabe an Gegenstände besteht, die genau das ausmachen, was die Person gerade liebt. Gibt es aber etwas, was eine Person tatsächlich liebt,

6 Dass die Situation nicht ganz so einfach ist, wird sich weiter unten, in Abschnitt 12, zeigen.

dann ist sie diesem Gegenstand natürlich schon hingegeben. Sagt man, dass diese Person sich auch noch selbst liebt, heißt das ja nur, dass sie tatsächlich den Gegenständen hingegeben ist, die sie liebt. Der Aussage, sie sei diesen Gegenständen hingegeben, wird dann, so sieht es zumindest aus, nichts hinzugefügt. Die Selbstliebe scheint auf die Liebe zu den Gegenständen zusammenzuschrumpfen, die man liebt. Die Menschen kommen nicht umhin, sich selbst zu lieben, solange sie irgendetwas lieben. Liebt jemand etwas, dann liebt er notwendig sich selbst.

10

Doch das ist zu schnell. Man muss an diesem Punkt mehr sagen, da die Situation nicht ganz so klar ist, wie es meiner bisherigen Beschreibung zufolge den Anschein haben könnte. Zwei Arten von Komplexität müssen hier berücksichtigt werden, von denen jede in substantieller Weise Einfluss auf die Frage nimmt, wie meine Beschreibung ergänzt oder modifiziert werden muss und wie die Selbstliebe schließlich zu verstehen ist.

Komplexitäten werden einerseits durch die Aussage erzeugt, die Selbstliebe hänge wesentlich an der Liebe zu anderen Dingen als jenen, die sinnvoll als »das Selbst« bezeichnet werden können. Es stimmt, dass die Selbstliebe nicht auf einen solchen Gegenstand fixiert ist. Trotzdem muss die Möglichkeit eingeräumt werden, dass sich eine Person selbst liebt, auch wenn sie sonst nichts liebt.

Zum Zweiten gibt es Komplexitäten, die mit der Aussage zusammenhängen, eine Person habe sich notwendig all dem verschrieben, was sie liebt. Kein Zweifel, diese Aussage ist in gewissem Sinne nichts weiter als eine Tautologie. Dennoch gibt es manchmal Schwierigkeiten, wenn es darum geht zu bestimmen, ob eine Person einem Gegenstand, den sie liebt, wirklich hingegeben ist. Diese Schwierigkeiten entspringen der Tatsache, dass die Menschen in sich selbst gespalten sein können, und zwar so, dass es unmöglich ist, eindeutig festzustellen, was genau sie lieben und was nicht.

II

Unabhängig von der Frage, ob die Selbstliebe nun die Liebe zu Dingen impliziert, die nicht mit den liebenden Menschen selbst identisch sind, die Menschen müssen jedenfalls nicht erkennen, dass sie diese Dinge lieben. Es ist immer möglich, dass eine Person jemanden oder etwas liebt, ohne sich darüber im Klaren zu sein; und es ist auch stets möglich, dass eine Person annimmt, sie liebe Dinge, die sie in Wirklichkeit überhaupt nicht liebt. Man kann sich also selbst lieben, obgleich man mit Blick auf die Frage, was man liebt, unsicher (oder sogar vollkommen unwissend) ist. Die Liebe ist eine Konfiguration des Willens, die aus verschiedenen, mehr oder weniger stabilen Dispositionen und Einschränkungen besteht. Die Wirksamkeit dieser Dispositionen und Einschränkungen macht es weder erforderlich, noch gewährleistet sie, dass die derart disponierte und eingeschränkte Person über diese Dispositionen und Einschränkungen Bescheid weiß. Die Rolle, die sie in der Leitung ihrer Einstellungen und ihres Verhaltens spielen, kann ihr ganz verschlossen bleiben, ja, sie mag sie sogar mit großer Gewissheit leugnen.

Die Unkenntnis und die Fehler, die die Frage betreffen, was eine Person liebt, stellen der Selbstliebe kein Hindernis in den Weg. Wir können uns etwa Eltern vorstellen, die nicht verstehen, was für ihre Kinder wirklich wichtig ist. Eltern täuschen sich häufig darüber, was wirklich im Interesse ihrer Kinder liegt. Das aber impliziert nicht, dass sie ihre Kinder nicht lieben. Mangelnde Liebe zu ihren Kindern würden wir ihnen nur vorwerfen, wenn wir annehmen müssten, sie wollten nicht ernstlich wissen, was im Interesse ihrer Kinder liegt. Bemühen sich Eltern dagegen gewissenhaft darum, in Erfahrung zu bringen, was ihren Kindern wichtig ist, dann reicht das, um ihre Liebe überzeugend zu manifestieren. Eltern lieben ihre Kinder, solange sie sich ernsthaft darum bemühen, wie ungeschickt oder erfolglos auch immer, die wahren Interessen ihrer Kinder zu verstehen.

Das Gleiche gilt von der Selbstliebe. Eine Person, die nicht weiß, was sie liebt, und die dementsprechend auch nicht weiß, was ihre wahren Interessen sind, kann dennoch zeigen, dass sie sich liebt, indem sie sich darum bemüht zu verstehen, was ihr grundlegend wichtig ist – indem sie also versucht zu verstehen, was sie liebt und was diese Liebe erfordert. Damit wird das Prinzip, wonach die Liebe eine Sorge des Liebenden um die wahren Interessen des geliebten Wesens erfordert, nicht gebrochen. Denn die Sorge um die wahren Interessen des geliebten Wesens erfordert sicherlich, dass der Liebende auch durch das elementarere Bedürfnis bewegt wird, diese Interessen korrekt zu identifizieren. Um den Geboten der Liebe zu gehorchen, muss man zunächst verstehen, was die Liebe gebietet.

12

Ein schwierigeres Problem, das noch den Komplexitäten der ersten Art angehört, kreist um die Frage, ob eine Person sich wirklich nur dann selbst lieben kann, wenn sie schon (wissend oder unwissend) etwas anderes liebt. Auf den ersten Blick scheint kaum zweifelhaft, dass die Selbstliebe durch das Fehlen einer Liebe zu Dingen, die nicht mit einem selbst identisch sind, verhindert wird. Gehört zur Liebe wesentlich eine Sorge um das, was das geliebte Wesen liebt, dann ist es schwierig zu sehen, wie eine Person, die nichts liebt, entweder von einer anderen Person oder von sich selbst geliebt werden kann. Liebt eine Person nämlich nichts, dann scheint es keinen Gegenstand zu geben, um den sich einer, der diese Person liebt, sorgen kann. Es scheint keinen Weg zu geben, auf dem sich die Liebe zu ihr ausdrücken lässt. Da sie frei von Interessen ist, um deren Schutz oder Förderung sich jemand sorgenvoll kümmern könnte, gibt es hier für den Liebenden offensichtlich nichts zu tun.

Wenn wir uns allerdings noch einmal auf das Beispiel der elterlichen Liebe beziehen, wird schnell deutlich, dass diese Analyse allzu simpel ist. Eltern offenbaren die Liebe zu ihren Kindern nicht nur dann überzeugend, wenn sie sich darum bemühen, die wahren Interessen ihrer Kinder zu identifizieren und zu unterstützen. Sie können sie auch offenbaren, indem sie alles tun, um sicherzustellen, dass ihre Kinder echte Interessen *haben*. Liebende Eltern wünschen ihren Kindern kein Leben ohne Endzwecke oder nur mit Endzwecken, die so armselig sind, dass ein durch sie strukturiertes Leben im Ganzen chaotisch, fragmentiert und so gut wie völlig bedeutungslos wäre. Dementsprechend erstreckt sich ihre Sorge um das Wohl ihrer Kinder, soweit dies nötig ist, nicht nur darauf, ihnen zu helfen, liebesfähig zu werden, sondern auch darauf, ihnen beim Auffinden von liebenswerten Dingen zu helfen. Eine Person, die nichts liebt, kann also immer noch zeigen, dass sie sich liebt, indem sie versucht, die persönlichen Eigenschaften zu überwinden (welche auch immer), die ihre Fähigkeit zur Liebe beschneiden, und indem sie angemessene Anstrengungen unternimmt, Dinge zu finden, die sie dann tatsächlich lieben wird.

Stellen wir uns jemanden vor, der aufrichtig darum bemüht ist, seine Liebesfähigkeit zu verbessern und den bereits von ihm geliebten Dingen neue hinzuzufügen. Stellen wir uns weiter vor, dass er nicht anders kann, als so zu handeln, und dass er keine höheren Absichten verfolgt: Was ihn bewegt, sind Strömungen und Neigungen, die seinem Willen nicht unmittelbar unterliegen. Die Liebe wiederum ist ihm wichtig allein um ihrer selbst willen. Vielleicht handelt es sich um jemanden, der erkennt, dass er nichts Besonderes liebt – zumindest nichts, was über das bloße Überleben mit seinen spezifischen Anforderungen hinausginge –, der zugleich aber den Wunsch hat, diesen Zustand zu verändern. Oder es handelt sich um jemanden, der schon vieles liebt, aber noch mehr lieben möchte. In beiden Fällen wäre es angemessen, sein Interesse daran, alles zu tun, um Liebe zu finden, als Ausdruck der Liebe zu sich selbst zu betrachten. In gleicher Weise gehen wir ja davon aus, dass Eltern der Liebe zu ihren Kindern Ausdruck verleihen, indem sie alles tun, um ihnen dabei zu helfen, Liebe zu finden.

Die rudimentärste Form der Selbstliebe besteht also aus nichts anderem als dem Wunsch einer Person zu lieben. Das heißt, sie besteht aus dem Wunsch einer Person, Ziele zu haben, die sie als ihre eigenen akzeptieren muss und denen sie sich um ihrer selbst willen und nicht bloß um ihres instrumentellen Werts willen hingibt. Wünscht eine Person zu lieben, dann wünscht sie, in einer Position zu sein, aus der heraus sie mit zuversichtlicher und fester Absicht handeln kann. Ohne eine solche Absicht kann Handeln nicht befriedigend sein; es ist dann, in den Worten von Aristoteles, unausweichlich »leer« und »sinnlos«. In dem Maße, in dem die Liebe uns mit Endzwecken versorgt, die wir um ihrer selbst willen schätzen und denen wir uns nicht bloß freiwillig hingeben, bewahrt uns die Liebe vor zielloser Willkür und davor, unser Leben mit leerem Aktivismus zu verschwenden, der zutiefst sinnlos ist, da er, ohne bestimmten Endzweck, auf nichts gerichtet ist, was wir wirklich erstreben. Dank der Liebe können wir uns, anders gesagt, mit ganzem Herzen einem Handeln hingeben, das bedeutungsvoll ist. Insofern Selbstliebe bloß auf den Wunsch nach Liebe hinausläuft, handelt es sich bei ihr schlicht um den Wunsch, in der Lage zu sein, unserem Leben Bedeutung zu verleihen.[7]

13

Die zweite Gruppe von Komplexitäten, auf die ich oben angespielt habe, kreist um die Möglichkeit, dass die Menschen manchmal auf eine Weise in sich gespalten sein können, die es unmöglich macht, kategorisch und eindeutig auf die Frage zu antworten, was sie lieben und was sie nicht lieben. Es kann passieren, dass eine Person etwas wahrhaft liebt, es zugleich aber nicht lieben will. Ein Teil von ihr, so könnten wir sagen, liebt es, ein anderer liebt es nicht. Es gibt einen Teil von ihr, der ihrer Liebe widerspricht und der sich wünscht, sie würde es gar nicht lieben. Mit anderen Worten, die Person befindet sich in einem Zustand der Ambivalenz.

Um einen solchen Konflikt aufzulösen und die Person von ihrer Ambivalenz zu befreien, ist es nicht nötig, dass einer der konfligierenden Impulse verschwindet. Es ist nicht einmal nötig, dass einer von ihnen an Kraft zunimmt oder

7 In dem Maße, in dem wir nicht anders können, als diesen Wunsch zu haben, gehört es zu uns, das Lieben zu lieben. Ist das der Fall, dann ist uns das Lieben angeborenermaßen wichtig und zählt von Natur aus zu unseren wahren Interessen. Vielleicht wäre es aber vernünftig davon auszugehen, dass uns das Lieben wichtig ist und zu unseren wahren Interessen zählt, ob wir es nun lieben (oder uns darum sorgen) oder nicht. In dem Fall müsste ich einige meiner früheren Formulierungen über das Verhältnis von Liebe, Wichtigkeit und Interesse modifizieren.

verliert. Die Person muss sich lediglich unmissverständlich und letztgültig darüber klar werden, auf welcher Seite des Konflikts *sie* steht, um die Ambivalenz aufzulösen. Die Kräfte, die auf der anderen Seite mobilisiert werden, können dann ebenso intensiv sein wie zuvor; sobald die Person definitiv geklärt hat, wo sie steht, ist ihr Wille nicht länger geteilt und ihre Ambivalenz verschwunden. Sie hat sich dann mit ganzem Herzen hinter den einen ihrer konfligierenden Impulse gestellt und nicht hinter den anderen.

Geschieht so etwas, dann wird die Neigung, der zu widerstehen sich die Person durchgerungen hat – durch einen Entschluss oder auf andere Weise –, in gewissem Sinne aus ihr ausgelagert und äußerlich. Sie wird von ihrem Willen getrennt und wird ihm damit fremd. Ist das erst einmal geschehen, dann ist der in ihr tobende Konflikt kein Konflikt mehr, in dessen Rahmen die nun entfremdete Neigung lediglich durch eine gegenläufige Neigung konterkariert wird. *Die Person* ist es nun, die dieser Neigung widerspricht, indem sie versucht – als ein Akteur, der sich volitional vereinheitlicht–, ihrem Angriff standzuhalten. Erweist sich die entfremdete Neigung dennoch als zu machtvoll, dann ist das, was sie überwindet, nicht einfach nur eine widerstreitende Neigung. Sie überwindet dann die Person selbst. Es ist dann die Person, die besiegt wird, und nicht bloß eine unter den verschiedenen Neigungen, die in ihr agieren.

In vielen Fällen dieser Art aber ist die Person unfähig, sich ein für alle Mal zu entscheiden, auf welcher Seite sie stehen will. Sie schafft es nicht, sich in entscheidender Weise mit der einen widerstreitenden Neigung ihres Willens oder mit der anderen zu identifizieren. Sie kann nicht abschließend festlegen, ob sie hinter ihrer Neigung zur Liebe oder hinter ihrem Wunsch, diese Neigung zu durchkreuzen und von der Liebe Abstand zu nehmen, stehen soll. Sie weiß nicht, welcher dieser konfligierenden Neigungen sie am Ende den Vorzug geben würde. Für beide der in ihr im Konflikt befindlichen Neigungen gilt, dass die Person unsicher ist, ob sie ihnen widerstehen oder ob sie sich hinter sie stellen soll.

In solchen Fällen ist die Person volitional fragmentiert. Ihr Wille ist instabil und inkohärent, er bewegt sie gleichzeitig in gegensätzliche Richtungen oder verwirrten Abfolgen. Sie leidet an einer extrem tief sitzenden Ambivalenz, die ihren Willen aufdringlich undefiniert lässt; daher fehlt ihr die sie leitende Autorität. Solange sie unfähig ist, diesen sie zerreißenden Konflikt aufzulösen, um so ihren Willen zu vereinheitlichen, steht die Person sich selbst fremd gegenüber.

Nehmen wir beispielsweise an, jemand verhält sich ambivalent mit Blick auf die Liebe zu einer Frau. Ein Teil von ihm liebt sie, ein anderer Teil opponiert dieser Liebe; er selbst ist unentschieden, welcher dieser beiden schwankenden Neigungen er den Vorzug geben will.[8] Sich selbst zu lieben hieße für ihn zu lieben, was immer er gerade liebt. Da er aber unentschlossen ist, ob er seiner Liebe zu der Frau den Rücken stärken soll oder ob er diejenigen Energien anrufen und sich aneignen soll, die hinter seiner Ablehnung dieser Liebe stehen, ist er nicht sicher, ob er sie wirklich liebt. Sein Wille ist unbestimmt. Es gibt keine endgültige unmissverständliche Wahrheit, keine eindeutige Tatsache, die Aufschluss darüber geben könnte, ob er sie wirklich liebt oder nicht. Und so bleibt auch unbestimmt, ob er sich selbst liebt. Wie seine Liebe zu der Frau ist auch seine Liebe zu sich selbst auf irreduzible Weise zwiespältig. Er ist in dieser Angelegenheit absolut ambivalent, sowohl, was ihn selbst betrifft, als auch, was sie, die Frau, betrifft.[9]

8 Diese Situation unterscheidet sich von einer anderen, in der seine Ungewissheit über die Liebe zu einer Frau mit der Unsicherheit über seine wirklichen Dispositionen und Einstellungen ihr gegenüber zu tun hat. Das Problem der genauen Identifikation oder Charakterisierung der Elemente des eigenen psychischen Zustands ist nicht das Gleiche wie das Problem der Auflösung eines psychischen Konflikts.

9 Wie Eltern, die die Liebe zu ihrem Kind manifestieren, indem sie sich darum kümmern, der Liebe des Kindes den Weg zu ebnen, könnte

14

Der Selbstzweifel steht am Anfang der modernen Philosophie und speist bis heute einen beträchtlichen Teil der sie antreibenden Energien. In den letzten drei- bis vierhundert Jahren definierten und nährten die theoretischen Zweifel der Philosophen an sich selbst – an ihren kognitiven und moralischen Fähigkeiten – ihre herausragendsten intellektuellen Bestrebungen und ihre fruchtbarsten Untersuchungen. Unabhängig davon haben die vielen persönlichen Zweifel an sich selbst, an denen Menschen im Allgemeinen leiden, den Charakter unserer Kultur stark geprägt. Die Vitalität und Farbigkeit des gegenwärtigen Lebens wird bekanntlich durch Modi radikaler Ambivalenz beeinträchtigt und verdüstert, die schärfer und drängender sind als die skeptischen Hindernisse, die sich Descartes und seine Nachfolger auferlegten.

Dabei ist die Geschichte der Ambivalenz natürlich eine sehr alte Geschichte. Sie fängt nicht erst mit der modernen Ära an. Der Mensch kämpft schon sehr lange mit einem geteilten Willen und der Entfremdung von sich selbst. Augustinus, der mit der Ambivalenz in seinem eigenen Leben zu kämpfen hatte, deutet sie als eine Art von Krankheit. Seine Charakterisierung lautet so:

> Der Geist befiehlt, der Geist soll wollen. [...] Aber es ist kein ganzer Wille, darum auch kein ganzer Befehl. Denn er befiehlt nur insoweit, wie er will, und insoweit er es nicht will, geschieht auch nicht, was er befiehlt. [...] So ist's denn keine Ungeheuer-

dieser Mann seine Liebe zu sich selbst manifestieren, indem er seine Ambivalenz der Frau gegenüber auflöst. In diesem Fall ließe sich vielleicht sagen, dass seine Selbstliebe – jedenfalls mit Blick auf diesen Aspekt seines Lebens – aus dem Wunsch besteht, sich selbst die Liebe zu sich selbst zu ermöglichen (oder, vorausgesetzt es gibt schon einige Dinge, die er unzweideutig liebt, aus dem Wunsch, seine Selbstliebe zu erweitern).

lichkeit, dies teilweise Wollen und teilweise Nichtwollen, sondern eine Krankheit des Geistes. [...] Also sind es zwei Willen, denn der eine von ihnen ist nicht ganz, und was dem einen fehlt, das hat der andere.[10]

Augustinus ging davon aus, dass uns die Ambivalenz, in Verbindung mit dem Unbehagen und der Unzufriedenheit mit sich selbst, die sie nach sich zieht, möglicherweise von Gott als Reaktion auf die Erbsünde auferlegt wurde. Ihre Quelle liege möglicherweise in der Finsternis »menschlicher Plagen«, in den »tiefen Dunkelheiten des Elends der Adamskinder«. Und so neigte er zu der Annahme, dass es ohne die übernatürliche Hilfe Gottes wohl unmöglich sei, dem geteilten Willen zu entgehen, um einen Zustand volitionaler Einheit zu erreichen.

Wenn Ambivalenz eine Krankheit des Geistes ist, dann erfordert ein gesunder Geist einen einheitlichen Willen. Mit anderen Worten, der Geist ist in dem Maße gesund – zumindest mit Blick auf sein volitionales Vermögen –, in dem er entschlossen ist. Entschlossenheit heißt, über einen Willen zu verfügen, der ungeteilt ist. Die entschlossene Person weiß, was sie will, und sie weiß auch, worum sie sich sorgt. Sie ist mit Blick auf jeden in ihr tobenden Konflikt der Dispositionen oder Neigungen ohne Zweifel oder Vorbehalte, was ihre eigene Position angeht. Sie gibt sich ihrer Sorge und Liebe unmissverständlich und ohne Vorbehalte hin. So ist ihre Identifikation mit der ihre Endzwecke definierenden volitionalen Konfiguration weder gestört noch eingeschränkt.[11]

10 Dieses und das folgende Zitat stammen aus *Confessiones* 8.9 [zitiert nach: Aurelius Augustinus, *Bekenntnisse*, hg. von Wilhelm Thimme, München 1982, S. 208 (Achtes Buch); auch das folgende Zitat findet sich auf S. 208].

11 Es sollte vielleicht erwähnt werden, dass Entschlossenheit nicht Engstirnigkeit nach sich zieht. Die entschlossene Person muss kein Fanatiker sein. Jemand, der genau weiß, wo er steht, kann trotzdem offen sein für ein ernsthaftes Erwägen von Gründen, die eine Korrektur

Diese entschlossene Identifikation bedeutet, dass sie in ihrer Einstellung zu sich selbst nicht ambivalent ist. Es gibt keinen Teil in ihr – keinen, mit dem sie sich identifizieren könnte –, der ihrer Liebe zu dem, was sie liebt, widerstehen würde. Ihre Hingabe an das geliebte Wesen ist ohne Zweideutigkeit. Da sie sich entschlossen um die Dinge sorgt, die ihr wichtig sind, ist es angemessen, ihr eine entschlossene Sorge um sich selbst zuzusprechen. Mit anderen Worten, in dem Maße, in dem sie diese Dinge entschlossen liebt, liebt sie sich selbst entschlossen. Ihre entschlossene Selbstliebe besteht aus der Entschlossenheit ihres einheitlichen Willens oder wird genau durch sie konstituiert.

15

Entschlossen zu sein *heißt*, sich selbst zu lieben. Beides ist gleich. Kierkegaard gab einem seiner Bücher den emphatischen Titel *Reinheit des Herzens bedeutet, eine Sache zu wollen*. Nimmt man das ganz wörtlich, ist es ungenau. Menschen, die nur eine Sache wollen, sind nicht rein, sondern nur einseitig. Das Ausmaß der Reinheit des Herzens hängt nicht an der Anzahl der Dinge, die eine Person will. Es hängt vielmehr davon ab, wie diese Dinge gewollt werden. Die Qualität des Willens zählt – das heißt seine Integrität –, nicht die Quantität der gewollten Dinge.

Die Menschen gewinnen kein reines Herz, indem sie einseitig werden. Das reine Herz ist das Herz von jemand, der volitional einheitlich und dementsprechend ganz intakt ist. Reinheit liegt, was Kierkegaard zweifellos zum Ausdruck bringen wollte, in Entschlossenheit. In dem Maße, in dem eine Person entschlossen ist, ist ihr kein Teil ihres

seiner Position nötig machen. Vertrauen ist nicht das Gleiche wie Halsstarrigkeit oder Begriffsstutzigkeit.

Willens fremd oder widerstrebend. Sie wird nicht passiv überwältigt oder durch Elemente dieses Willens gezwungen. Ihr Herz ist rein in dem Sinne, dass ihr Wille ganz und gar ihr eigener ist.

Selbstliebe besteht also in der Reinheit eines entschlossenen Willens. Aber was folgt daraus? Aus welchem Grund sollten wir besonders interessiert an Entschlossenheit sein oder sie unbedingt haben wollen? Warum sollten wir uns in besonderer Weise um Reinheit kümmern? Was ist so großartig an Integrität und an einem ungeteilten Willen?

Was unter anderem für einen ungeteilten Willen spricht, ist die Tatsache, dass ein geteilter Wille sich inhärent selbst zunichtemacht. Im Bereich des Verhaltens ist die Teilung des Willens das Gegenstück zum Selbstwiderspruch im Bereich des Denkens. Eine selbstwidersprüchliche Meinung zwingt uns, das gleiche Urteil zugleich anzunehmen und abzulehnen. Sie garantiert so ein kognitives Scheitern. In analoger Weise schließt ein Konflikt im Willen effektives Verhalten aus, da er uns dazu bringt, zugleich in unterschiedliche Richtungen zu gehen. Mangelnde Entschlossenheit ist eine Art Irrationalität, die unser praktisches Leben infiziert und inkohärent macht.

In gleicher Weise läuft die Freude an der inneren Harmonie eines ungeteilten Willens darauf hinaus, über eine grundlegende Freiheit zu verfügen. In dem Maße, in dem sich eine Person liebt – mit anderen Worten, in dem Maße, in dem sie volitional entschlossen ist –, widersteht sie den Bewegungen ihres Willens nicht. Sie ist nicht in sich gespalten. Wie immer sich ihre Selbstliebe im Bereich des Verhaltens und der praktischen Vernunft Ausdruck verschafft, sie widersteht diesem Ausdruck nicht, sie stellt ihm nichts entgegen. Sie ist frei zu lieben, was sie liebt, jedenfalls in dem Sinne, in dem ihre Liebe nicht durch sie selbst behindert oder gestört wird.

Für die Selbstliebe spricht also ihre Rolle für die Konstitution sowohl der Struktur volitionaler Rationalität als auch des Modus der Freiheit, den diese Struktur des Willens nach sich zieht. Uns selbst zu lieben ist wünschenswert und wichtig für uns, weil es das Gleiche ist, wie mit uns selbst zufrieden zu sein. Diese Selbstzufriedenheit besteht nicht aus wohliger Arroganz; sie besteht auch nicht aus dem Gefühl, etwas Wertvolles geleistet zu haben oder erfolgreich seinen Ambitionen nachgegangen zu sein. Es handelt sich bei ihr vielmehr um einen Zustand, in dem wir unsere eigene volitionale Identität willentlich akzeptieren und unterstützen. Wir sind zufrieden mit unseren Endzwecken und mit der Liebe, die unseren Willen am durchdringendsten bestimmt.[12]

16

Nun ließe sich einwenden, dass die Selbstliebe, da sie als solche ohne spezifischen Inhalt auskommt, keinen inhärenten und grundlegenden Wert besitzen kann. Entschlossenheit ist schließlich nur eine strukturelle Eigenschaft, die

12 Nach Spinoza ist die Selbstliebe oder Selbstzufriedenheit »in Wahrheit das Höchste, was wir hoffen können« (*Ethics* 4.52S) [dt.: *Die Ethik*, Stuttgart 1977, S. 549]. Das heißt nicht, dass die Selbstliebe oder Selbstzufriedenheit ausreicht, um uns glücklich zu machen, oder dass sie hinreichend für ein gutes Leben ist. Schließlich kann die Zufriedenheit mit sich selbst durchaus einhergehen mit der Enttäuschung über den Ausgang einer Angelegenheit, mit der Einsicht also, dass wir mit Blick auf einen von uns sehr ernsthaft beschrittenen Weg gescheitert sind, und mit der Unzufriedenheit, die ein solches Unglück naturgemäß nach sich zieht. Es gibt andere gute Dinge, auf die man vernünftigerweise hoffen kann: mehr Macht etwa, größeres Talent, mehr Glück. Die Tatsache, dass wir mit uns selbst zufrieden sind, impliziert keine Zufriedenheit mit unserem Leben. Trotzdem hat Spinoza vielleicht Recht. Sich selbst zu lieben mag sehr wohl die »höchste« oder wichtigste Angelegenheit sein.

etwas mit volitionaler Einheit oder Integrität zu tun hat. Sprechen wir sie jemandem zu, hilft uns das nicht, um die aktuelle Tendenz und Richtung seines Willens zu identifizieren oder die von ihm geliebten Gegenstände ausfindig zu machen. Darüber hinaus ist die Selbstliebe an sich neutral gegenüber moralischen und nichtmoralischen Werten. Sie verfügt über keinen wesentlichen evaluativen Vektor. Eine Person liebt sich selbst in dem Maße, in dem sie überhaupt irgendetwas entschlossen liebt. Der Wert des geliebten Gegenstands besitzt keine Relevanz für die Frage, ob sie ihn entschlossen liebt.

Damit ist die Möglichkeit gegeben, entschlossen zu lieben, was evaluativ unbestimmbar ist, was schlecht oder böse ist. Es gibt Versuche, nachzuweisen, dass es unmöglich ist, solche Dinge ohne Konflikt und Zweideutigkeit zu lieben. Viele Philosophen und religiöse Denker haben gehofft und auch versucht zu beweisen, dass ein Wille unausweichlich in Konflikt mit sich gerät, wenn ihn nicht die Forderungen der Moral wirksam leiten und beschränken. Wären ihre Argumente stimmig, hieße das, nur ein guter Wille könne aufrichtig entschlossen sein.

Ihre Argumente überzeugen nicht. Mir scheint sogar, dass das von ihnen verteidigte Projekt hoffnungslos ist. Entschlossenheit ist durchaus kompatibel mit einer gewissen moralischen Unvollkommenheit, ja sogar mit einer schrecklichen und untilgbaren Boshaftigkeit. Worin immer auch der Wert und die Wichtigkeit der Selbstliebe bestehen mögen, sie garantiert nicht einmal minimalen Anstand. Das Leben einer sich selbst liebenden Person ist beneidenswert, weil es entschlossen ist, aber es muss überhaupt nicht bewundernswert sein. Es ist nicht die Funktion der Liebe, die Menschen gut zu machen. Ihre Funktion ist bloß, ihrem Leben Sinn zu geben und es so gut für sie zu machen.

17

Entschlossenheit ist nicht leicht zu erlangen. Es ist schwierig für uns, mit uns selbst zufrieden zu sein. Wir sind zu anfällig für Ungewissheit und Ambivalenz mit Blick auf das, was wir lieben. Augustinus hielt die Hindernisse, die der Selbstliebe im Weg stehen, nicht nur für angeboren, sondern meinte auch, sie seien wahrscheinlich gottgegeben. Dementsprechend vermutete er, dass sie nur durch ein Wunder überwunden werden können. Meiner eigenen Beobachtung nach gibt es einige Menschen, die von Natur aus entschlossen sind, während das bei anderen nicht der Fall ist. Die Frage, ob jemand ein substantielles Maß an Entschlossenheit in seinem Leben erreicht, hängt stark, so vermute ich, an genetischen und anderen Zufallsfaktoren. Vielleicht hatte Augustinus ja genau das im Sinn, als er annahm, hier spiele ein göttlicher Ratschluss hinein. Wie auch immer, es liegt auf der Hand, dass wir uns so wenig dazu bringen können, uns selbst zu lieben, wie wir uns dazu bringen können, irgendetwas anderes zu lieben.

Und was wäre, wenn sich nach all dem Gesagten zeigt, dass wir uns nicht selbst lieben können? Nehmen wir an, wir sind nicht in der Lage, die Zweifel und die Schwierigkeiten zu überwinden, die unserer Entschlossenheit im Weg stehen. Hilflos bleiben wir ohne Selbstliebe zurück. Im ersten Kapitel dieses Buches sagte ich, ein wesentlicher Unterschied zwischen menschlichen Wesen und anderen Tieren bestehe in der Unfähigkeit der Tiere zur Reflexion. Sie wundern sich nicht darüber, wie es ihnen geht oder wie sie über sich selbst denken; sie sorgen sich nicht darum, was oder wer sie sind. Mit anderen Worten, sie nehmen sich nicht ernst. Wir dagegen *können* uns ernst nehmen, und häufig tun wir es. Deswegen sind wir konsequenterweise in der Lage, mit uns selbst unzufrieden zu sein.

Vielleicht ist es eine gute Idee, uns selbst nicht *zu* ernst zu nehmen. Ich will diesen Punkt verdeutlichen, indem ich hier, am Ende des Buchs, von einem Gespräch berichte, das ich vor einigen Jahren mit einer Frau führte (einer Sekretärin, keiner professionellen Philosophin), die in einem Büro arbeitete, das in der Nähe meines eigenen lag. Ich kannte sie nicht sehr gut, wir waren also nur flüchtig bekannt. Sie sah allerdings ziemlich attraktiv aus, und da ich zu dem Zeitpunkt unverheiratet war, kam es, dass wir eines Tages ein etwas persönlicheres Gespräch führten als sonst üblich. Im Laufe dieses Gesprächs sagte sie, ihrer Meinung nach seien die einzigen zwei Dinge, die in einer intimen Beziehung wirklich wichtig seien, Ehrlichkeit und Sinn für Humor. Als eine erste Annäherung schien mir das durchaus richtig, auch wenn es etwas von einem Allgemeinplatz hatte. Bevor ich noch reagieren konnte, kam ihr jedoch ein zweiter Gedanke, der deutlich weniger verbreitet war: »Wissen Sie, ich bin mir nicht so sicher, was die Ehrlichkeit angeht. Selbst wenn jemand die Wahrheit sagt, ändert er seine Meinung so schnell, dass man sich sowieso nicht auf ihn verlassen kann.«

Dazu mein Ratschlag. Nehmen wir an, Sie sind unfähig zur Entschlossenheit, gleichgültig, was Sie tun, gleichgültig, wie sehr Sie sich bemühen. Nehmen wir an, es ist Ihnen unmöglich, Ihre Ungewissheit und Ambivalenz zu überwinden; immer wieder schwanken Sie hin und her. Wenn Ihnen endgültig und definitiv klar wird, dass Sie immer an Hemmungen und Zweifeln leiden werden und es Ihnen nie gelingen wird, vollständig mit dem zufrieden zu sein, was Sie sind – wenn also wahre Selbstliebe für Sie wirklich nicht in Frage kommt –, dann halten Sie wenigstens an Ihrem Sinn für Humor fest.

Nachweis

Im Jahr 2000 habe ich die Romanell-Phi Beta Kappa Vorlesungen für Philosophie unter dem Titel »Einige Überlegungen zu Normen, zur Liebe und zu den Zielen des Lebens« an der Princeton University gehalten. Die gleichen Vorlesungen habe ich im Jahr 2001 im Rahmen der Shearman Lectures am University College in London vorgetragen. Dieses Buch entspricht einer leicht revidierten Fassung dieser Vorlesungen.